FACILE!

CRÉATIONS EN JESMONITE

ÉLISE BAUTISTA MAILLET

AKA *les lovers*

Créapassions

INTRODUCTION

Hello, je suis Élise ! Entrepreneure créative, j'ai 35 ans et je suis une femme passionnée aux multiples casquettes, un ADN à 100 % créatif, j'aime la couleur nude, les paillettes et le doré.

Je débute ma carrière de mannequin à l'âge de 14 ans et je la poursuis durant dix années. Puis, à la suite d'un BTS communication des entreprises et d'une formation de styliste florale, je lance mon agence événementielle et je change de parcours.

Mariée, maman de deux garçons de 8 et 12 ans, je jongle maintenant entre ma marque Les Lovers @lesloversdiy, mon concept store @conceptstoresmile, mon job de créatrice de contenu et micro-influence et le poste de responsable en communication dans une société du BTP que j'occupe en quart-temps.

Cannoise de naissance et maintenant établie au Luxembourg, je suis un vrai couteau suisse du DIY.

Je déteste la routine et j'aime m'évader grâce à la création. Animer des ateliers créatifs, c'est provoquer la joie, transmettre et partager. Créer, c'est vivre pleinement.

Je ne crois pas au hasard : « Toujours suivre son destin ; nous sommes capables de provoquer les choses ! Quand on veut, on peut ! »

Mes amies disent de moi que je suis une femme de grande bienveillance et que derrière mon sourire ravageur et ma joie de vivre à toute épreuve, il y a un parcours de vie atypique et un vrai altruisme.

Pourquoi ce livre ? La Jesmonite est une matière qui existe depuis longtemps, mais elle n'était utilisée que par les professionnels et peu connue du grand public. Elle déferle aujourd'hui sur le marché du DIY comme une vague qui rend le moulage magique. J'étais tellement impatiente de pouvoir vous la présenter ! Et, surtout, je suis très fière d'écrire un livre sur un matériau aussi créatif que surprenant !

Maintenant, le voici entre vos mains.

À vous de jouer !

Élise

SOMMAIRE

SOMMAIRE

JESMONITE
BASE
FOR USE WITH AC100/AC200/AC300 LIQUIDS
Mix ratio – 2.5:1 (AC100/300) 2:1 (AC200) / Base to Liquid by weight
Mix using Jesmonite High-shear Mixing Blade
For full instructions go to www.jesmonite.com
INFORMATION
- Protect from frost
- Keep container closed when not in use
- Store between 5°c – 25°c
- For further information call our technical helpline on +44 (0)1588 630302
PRODUCT BENEFITS
– Finer detail
– Free of solvents & VOC's
– Fire resistant
– Lightweight
– Impact resistant
2.5KG
JESMON TE MADE FROM
AC100
LIQUIDS
FOR USE WITH JESMONITE BASE
Mix ratio – 2.5:1 / Base to Liquid by weight. Mix using Jesmonite High-shear Mixing Blade. For full instructions go to www.jesmonite.com
INFORMATION
- Protect from frost
- Keep container closed when not in use
- Store between 5°c – 25°c
- For further information call our technical helpline on +44(0)1588 630302
PRODUCT BENEFITS
- Finer detail
- Free of solvents & VOC's
- Fire resistant
- Lightweight
- Impact resistant
1KG
SHAKE WELL BEFORE USE
JESMON TE MADE FROM

Chapitre 1

Pour bien commencer

LA JESMONITE

QU'EST-CE QUE C'EST ?

La Jesmonite est un matériau utilisé dans les beaux-arts, l'artisanat et la construction. Elle a été inventée au Royaume-Uni en 1984 par Peter Hawkins. Il existe plusieurs sortes de Jesmonite selon l'utilisation que l'on souhaite en faire. Nous allons dans ce livre nous focaliser sur celle qui est idéale pour tous les projets *do it yourself* : la Jesmonite® AC100.

C'est un matériau composé de gypse (pierre à plâtre) modifié à base d'eau. Il est utilisé pour créer des produits moulés décoratifs. Il faut mélanger une base en poudre minérale et un gel liquide à base d'acrylique et d'eau pour obtenir la préparation. Le mélange convient à une large gamme de moulages et permet de ne plus avoir recours à des produits à base de solvant, comme la résine. Le matériau peut être utilisé en intérieur et en extérieur, mais à l'extérieur, un scellant ou un système de peinture approprié est recommandé pour protéger sa surface.

SES ATOUTS

C'EST UNE MATIÈRE VERTE !

Elle est constituée à base d'eau, ce qui la rend plus respectueuse de l'environnement. Elle ne dégage pas de produits toxiques lors de sa manipulation ou utilisation car elle est sans solvants et sans COV (composés organiques volatiles), contrairement à sa cousine la résine, qui nécessite absolument le port de gants, de lunettes et d'un masque sous peine d'inhalation nocive.

C'EST UNE MATIÈRE SÛRE !

Elle résiste à la chaleur et a même été classée conformément à la classification européenne du feu EN 13501-1.

C'EST UNE MATIÈRE CAMÉLÉON !

Elle est capable de répliquer des surfaces, textures et couleurs aux multiples nuances grâce à des dosages méticuleux ! Cela s'obtient en y incluant des pigments pour des effets marbrés, bicolores ou bien *full color*, mais aussi en ajoutant des copeaux de Jesmonite pour un effet terrazzo, ou bien encore du café pour un toucher granuleux, ou encore des inclusions de coquillages.

C'EST UNE MATIÈRE AUX PROPRIÉTÉS ÉTONNANTES !

Solide, flexible et plus durable, elle fait preuve d'une résistance accrue aux chocs.

Elle est beaucoup plus légère que la pierre, le béton et les produits traditionnels de sable et de ciment.

Elle reproduit les détails les plus fins avec des qualités de résistance aux intempéries supérieures.

LE MATÉRIEL DE BASE

Pour réaliser des éléments en Jesmonite, il faut être bien équipé, comme pour n'importe quel loisir créatif.

Vous avez besoin de Jesmonite, qui est composée de **deux produits à mélanger : une base liquide et une base poudre**.

Vous devez aussi vous procurer le matériel de base pour travailler cette matière :

- des moules en silicone ;
- un saladier, en plastique de préférence, pour les mélanges ;
- une cuillère en bois pour mélanger ou une lame de mélange à ajuster sur une perceuse pour un mélange encore plus homogène ;
- des bâtonnets en bois, type abaisse-langues, pour mélanger les petites quantités ;
- des gobelets en carton pour prélever et peser facilement la matière ;
- un bécher en silicone ;
- une balance digitale de précision et une autre pour les plus gros poids ;
- des pipettes en plastique pour prélever le pigment liquide ;
- du papier de verre de différents grammages (ou une ponceuse) ;
- un pinceau ;
- des pochettes en plastique.

Il faut aussi acheter les éléments à ajouter à la Jesmonite. Pour réaliser les modèles de ce livre, vous aurez besoin de :

- pigments de couleur liquides (conseillés) ou en poudre ;
- cire d'abeille ou un vernis spécial Jesmonite ;
- feuille d'or ;
- café ;
- paillettes ;
- silicone pour fabriquer votre propre moule du Buste déco (voir p. 167).

Vous devrez aussi avoir sous la main :

- une paire de ciseaux ;
- un cutter ;
- de l'adhésif armé ou étanche ;
- de la peinture ;
- une ponceuse ;
- une perceuse pour le mélangeur.

LES MOULES

LES MOULES EN SILICONE

Les moules en silicone de haute qualité sont principalement utilisés car ils offrent des niveaux élevés de flexibilité tout en gardant une grande facilité de démoulage et une reproduction de détails fins. C'est ce type de moule, que vous pouvez acquérir à différents prix dans le commerce, qui est utilisé dans le chapitre 2.

FABRIQUER SES MOULES

- **Dans le dernier projet du chapitre 3, le Buste, je vous explique comment fabriquer votre propre moule en silicone. C'est un procédé très simple mais qui est assez coûteux. Il reste plus économique de choisir des moules déjà faits. Réservez la confection de votre propre moule si vous ne trouvez pas votre bonheur en magasin, ou si vous souhaitez dupliquer un objet précis.**

LES AUTRES MOULES

Les moules rigides composés de matières telles que le GRP (polyester renforcé de fibres de verre), le métal, le bois, le verre, le plastique, peuvent être utilisés avec les produits en Jesmonite. Dans ce cas, la surface du moule nécessiterait l'application d'une cire ou d'un agent de démoulage pour faciliter le démoulage des produits en Jesmonite durcis si vous souhaitez conserver votre contenant pour un autre usage. Sinon, vous pouvez découper la matière et, dans ce cas, vous n'avez pas besoin d'agent de démoulage. C'est le cas pour tous les projets du chapitre 3, qui utilisent des contenants en plastique.

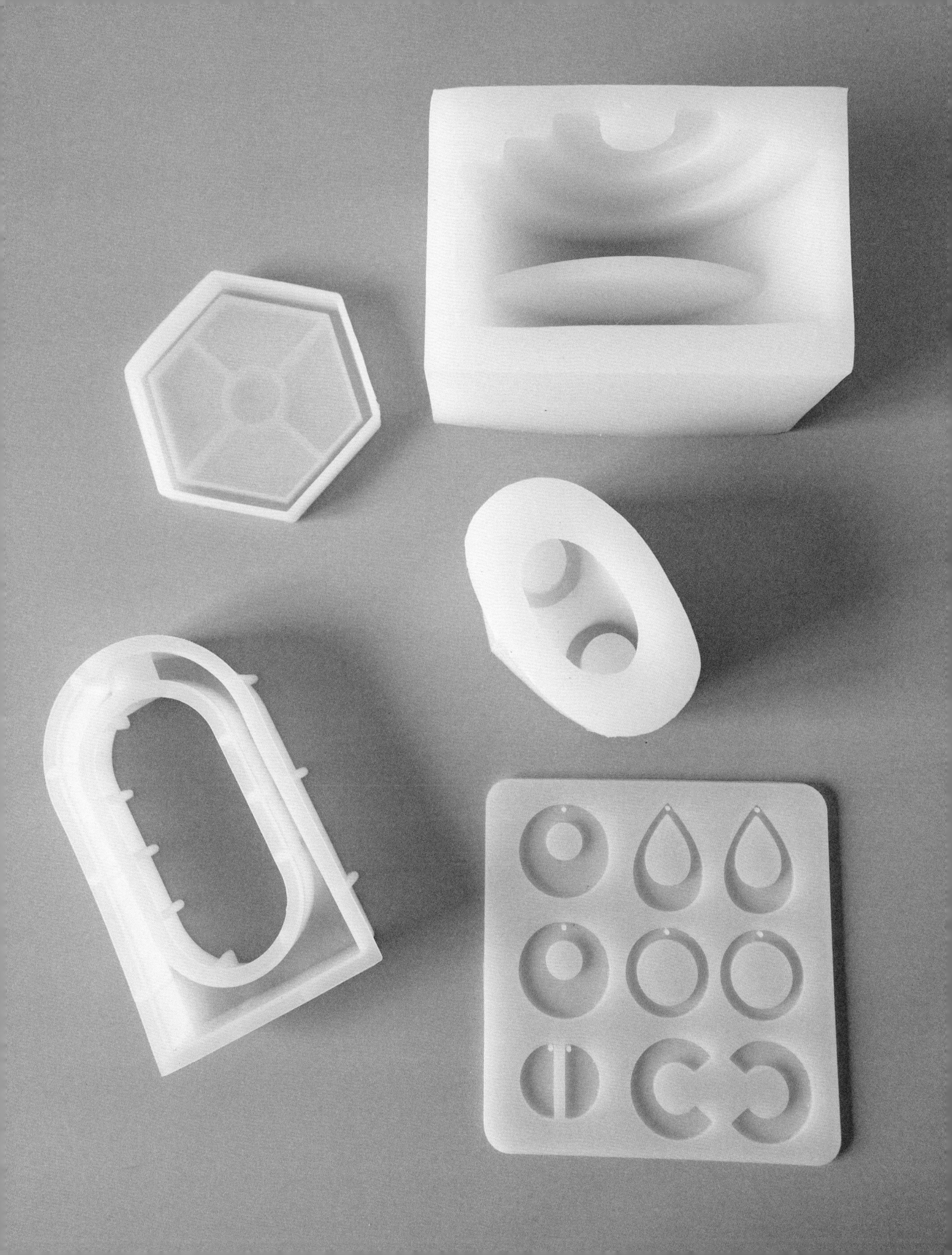

LES BONNES PRATIQUES ET LES BONS DOSAGES

BIEN S'INSTALLER

Pour réaliser de la Jesmonite, il est essentiel d'être correctement équipé, mais aussi bien installé. Les conditions de l'atelier doivent être chaudes (idéalement 18 °C), sèches et à l'abri de la lumière directe du soleil. Les récipients de mélange doivent être propres, secs et d'une taille appropriée.

DOSER LA JESMONITE

Pour obtenir le bon dosage, le ratio des quantités est **1 part de liquide pour 2,5 parts de poudre**.

Pour doser la quantité de Jesmonite à préparer selon la taille du moule en silicone :

1. Placez votre moule sur une balance.
2. Tarez la balance : elle doit indiquer 0.
3. Versez de l'eau dans le moule pour le remplir entièrement.
4. Notez le poids de l'eau.

Puis effectuez les calculs suivants pour connaître la quantité de liquide et de poudre à utiliser. Si le poids de l'eau est de 30 g :
30 ÷ 2 = 15 g de liquide
15 × 2,5 = 37,5 g de poudre

Il existe un calculateur en ligne très pratique pour calculer le dosage des différents types de Jesmonite : **www.jesmonitecalculator.com**

DOSER LES PIGMENTS

Le taux d'ajout standard est de 2 % en poids de la Jesmonite mélangée totale (ou 20 g/kg). Pour les moulages de petite taille du livre, vous n'aurez donc besoin que de quelques grammes.

POUR ALLER PLUS LOIN

- **Densité mouillée : 1 845 kg/m³**
- **Densité sèche : 1 745 kg/m³**
- **Capacité d'expansion : 0,15 %**

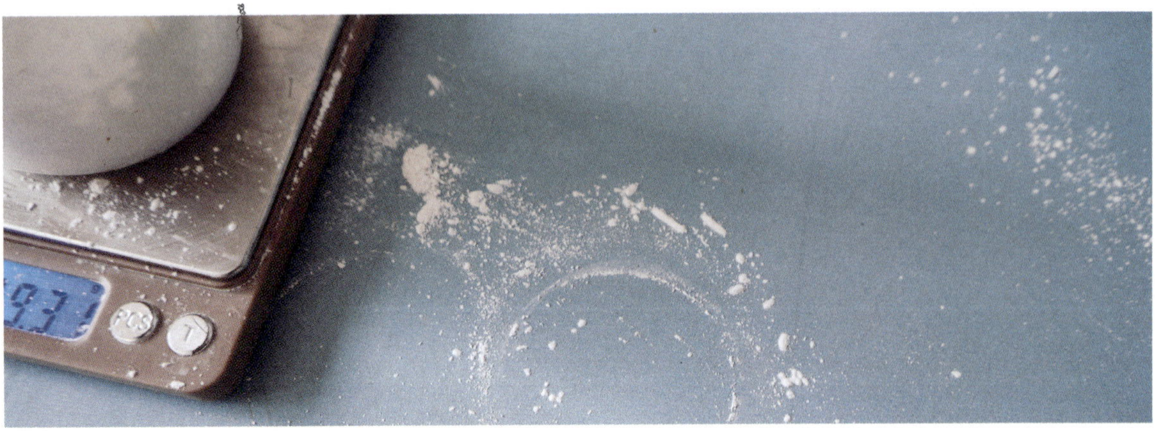

LES ÉTAPES DU MOULAGE

Pour les moulages simples comme ceux réalisés dans le livre, la technique de base reste toujours la même.

1. Versez une petite quantité du mélange dans le moule. Pour éviter toute bulle d'air à la surface, utilisez un petit pinceau propre et sec pour enduire uniformément la surface et pénétrer dans les bords du moule. Vous pouvez également tapoter le moule pour vous débarrasser des bulles d'air en surface.
2. Remplissez le moule avec la Jesmonite mélangée restante, en tapotant doucement le moule pour aider les bulles d'air à remonter à la surface.
3. Laissez le moulage reposer environ 20 à 30 minutes pour que la Jesmonite prenne. Puis démoulez.

Une fois sortie du moule, la matière prendra toute sa force au bout de 24 heures. La Jesmonite a besoin que toute l'humidité s'évapore pour acquérir sa solidité. Si vous la laissez dans le moule, elle va transpirer, elle peut marquer et ne pas sécher complètement.

LE NETTOYAGE DU MATÉRIEL

Parce que Jesmonite est faite à base d'eau, elle est facile à nettoyer. Lorsque vous avez terminé, grattez tout excès de Jesmonite inutilisé dans la poubelle, puis lavez-vous les mains en passant les pots, les pinceaux et le moule sous de l'eau chaude savonneuse. C'est si facile ! Vous pouvez utiliser du white-spirit pour retirer tout résidu de pigment de votre moule si nécessaire.

LES CONDITIONS DE STOCKAGE

En règle générale, les récipients de liquide doivent être bien scellés pour éviter l'évaporation de l'eau et la formation de peau. Le gel doit être évité. Ils doivent être conservés à une température constante entre 5 et 25 °C et utilisés dans les 12 mois suivant la date de fabrication, tout comme la base en poudre.

LE CONDITIONNEMENT

Les liquides sont fournis en bidons de 1, 5, 10, 20 kg, et la base en poudre en seaux de 2,5 ou 12,5 kg et en sac de 25 kg. Vous trouverez facilement des kits de démarrage rapide en vous référant au carnet d'adresses p. 185.

LES TECHNIQUES DÉCORATIVES

Couleurs unies, marbrures, taches de couleurs, dessin, effet terrazzo, effet « écriture », inclusion de paillettes, de feuille d'or, de coquillages ou de café, tout est possible pour sublimer la Jesmonite.

Lorsque vous ajoutez de la matière dans la Jesmonite, il est préférable que ce soient des matières naturelles. Évitez le plastique par exemple, qui augmente le temps de séchage de la matière ou peut même l'empêcher de « prendre » correctement. Le bois, trop poreux, n'est pas non plus adapté pour se mélanger à la Jesmonite, à moins qu'il ait été au préalable traité avec un vernis hydrofuge.

Je vous donne ici les astuces pour l'ajout de chaque matière.

CONSEIL

- **Les pigments utilisés pour la réalisation de ce livre sont des pigments de la marque Jesmonite®. Ils sont déconditionnés et revendus par Prodemmia®, qui les propose pour l'instant seulement à la vente aux professionnels (voir « Mon carnet d'adresses », p. 185).**

LES PIGMENTS

La Jesmonite est par défaut de couleur blanc cassé. Pour la teinter, il faut utiliser des pigments.
Ajoutez-les très progressivement en très très petites quantités et en mélangeant entre chaque ajout jusqu'à obtenir la couleur souhaitée. Une ou quelques gouttes de pigment liquide suffisent. La quantité idéale est de **20 g/kg**. Pour la gamme de couleurs, reportez-vous au nuancier p. 28.

LES MARBRURES

Pour réaliser des marbrures, ajoutez quelques gouttes de pigment liquide (cela ne fonctionne pas avec le pigment en poudre) dans la Jesmonite et mélangez en formant un zigzag avec un abaisse-langue. Mais pas plus. Si vous mélangez en tournant, la matière sera trop teintée et la marbrure disparaîtra.

Au moment du coulage dans le moule, la matière va davantage se mélanger au pigment et accentuer ainsi la marbrure que vous voyez apparaître dans votre récipient.

Il est aussi conseillé de couler la matière doucement dans le moule afin de contrôler l'effet de la marbrure.

LES TACHES OU LES DESSINS

Pour obtenir des taches ou des dessins en surface sur la Jesmonite, il faut procéder en deux étapes :

1. Créez des taches ou dessinez avec de la Jesmonite (au préalable colorée avec des pigments) directement dans le moule. Vous déposez la matière à l'aide soit d'un pinceau pour un dessin précis, soit d'un abaisse-langue en projetant la matière pour obtenir des tâches. Laissez sécher.
2. Coulez le reste de la Jesmonite.

L'EFFET TERRAZZO

Pour créer un effet terrazzo, il faut inclure des copeaux de Jesmonite en suivant les étapes ci-dessous :

1. Réalisez plusieurs préparations de Jesmonite de différentes couleurs (voir « Les pigments », p. 22).
2. Coulez une fine couche de Jesmonite de chaque couleur dans une pochette plastique (une pochette par couleur).
3. Étalez-la à plat dans chaque pochette et laissez sécher 15 minutes.
4. Écrasez la matière et la pochette entre vos mains afin de créer des petits copeaux.
5. Mélangez tous les copeaux de couleurs.

LES LETTRAGES ET LES MESSAGES

Pour fabriquer des messages en relief sur un support en Jesmonite, il faut avoir des moules en silicone en forme de lettres de l'alphabet.

1. Coulez de la Jesmonite dans les lettres en silicone. Laissez sécher et démoulez.
2. Déposez-les au fond du moule de votre réalisation finale.
3. Coulez la Jesmonite pour créer le support.

L'INCLUSION DE MATIÈRES

Lorsque vous ajoutez de la matière dans la Jesmonite, comme des coquillages ou du café, pensez à tenir compte de la densité finale. La matière ajoutée ne doit pas faire plus de 2 % du poids final de l'objet. Si vous dépassez ce ratio, vous prenez le risque que votre création ne sèche pas.

Lorsque vous n'êtes pas sûr du résultat, faites des tests sur de petites quantités avant de vous lancer. Plus vous ajoutez de matière, plus le temps de séchage sera augmenté.

Pour les feuilles d'or, le tissu ou le cuir, il faut les positionner au fond du moule bien à plat avant d'ajouter la matière.

PEINDRE LA JESMONITE

Même si je préfère le côté brut de la Jesmonite et son toucher velouté, elle peut être peinte pour être décorée ou lui donner un effet granuleux. Pour cela, il faut utiliser de la peinture acrylique, qu'il sera ensuite nécessaire de vernir avec un stabilisant/imperméabilisant.

Avant de peindre, veillez à ce que la Jesmonite soit bien sèche. Il est préférable d'attendre 24 heures.

Pour obtenir un toucher lisse comme sur la coupelle vide-poche (voir p. 121) : utilisez de la peinture acrylique en fine couche.

Pour obtenir un toucher granuleux comme sur le pied de lampe (voir p. 131) : utilisez de la peinture au bicarbonate. Mélangez du bicarbonate de soude alimentaire avec de la peinture acrylique jusqu'à obtenir l'effet granuleux souhaité. Plus vous ajoutez de bicarbonate, plus la surface sera rugueuse.

DÉCORER LA JESMONITE

Il est tout à fait possible de décorer la Jesmonite avec du tissu, du papier ou une décalcomanie (voir « Les dessous-de-verre texturés », p. 69) :

- pour le tissu et le papier, on peut les inclure dans le moule au moment du coulage ;
- pour la décalcomanie, il s'applique après, une fois que la Jesmonite est sèche.

Dans les deux cas, le support nécessite ensuite d'être vernis.

LES FINITIONS ET LA PROTECTION

UNE SURFACE PARFAITE

Jesmonite® AC100 contient une résine acrylique pure de haute qualité qui peut être polie avec un chiffon en coton propre. D'excellents résultats peuvent être obtenus avec une large gamme de cires et de machines de polissage. La Jesmonite est également compatible avec une large gamme de scellants et de vernis à base d'eau.

Trois types de finitions sont possibles :

UN SIMPLE ESSUYAGE

Avec un chiffon en coton, passez légèrement de l'eau sur la réalisation pour enlever le surplus de poussière.

UN PONÇAGE DOUX

Pour réaliser un fini parfait et supprimer les aspérités dues à un défaut de coulage, il faudra poncer la surface de la Jesmonite avec du papier de verre fin grain 240.

UN PONÇAGE FORT POUR RÉVÉLER

Pour faire ressortir des éléments d'inclusion en surface, il faut un papier de verre à gros grain ou une ponceuse. Ils sont par exemple indispensables pour faire ressortir les couleurs des copeaux dans un effet terrazzo.

LA PROTECTION DE SURFACE

En option, vous pouvez ajouter une couche de finition protectrice. Pour optimiser la tenue de la Jesmonite dans le temps, si vous l'utilisez dans un milieu humide ou comme vase, dessous-de-verre ou porte-savon, il est préférable d'appliquer une couche de finition protectrice sur la réalisation.

1. Laissez bien sécher la Jesmonite pendant 24 heures.
2. Appliquez, à l'aide d'un chiffon en coton, une simple cire d'abeille ou un vernis spécifique Jesmonite bloquant les pores de la matière. Il en existe différentes sortes pour un fini mat ou brillant selon vos goûts.

Différents produits existent pour protéger sa réalisation, dont des boucheurs de pores et des imperméabilisants pour Jesmonite. Ces imperméabilisants, **compatibles avec un contact alimentaire**, sont recommandés pour protéger une planche à découper, un plat ou même des assiettes. Ils s'utilisent sur tous vos objets à l'intérieur, et même à l'extérieur !

MON NUANCIER DE COULEURS

Lorsque vous ajoutez du pigment liquide dans la Jesmonite, le taux d'ajout standard est de 2 %, soit 20 g/kg. Ici, nous allons parler en gouttes, car les quantités utilisées dans les projets du livre sont infimes. C'est aussi plus simple que de peser le pigment.

J'ai réalisé un nuancier avec les pigments de base afin que vous puissiez vous rendre compte du rendu des couleurs en fonction du nombre de gouttes.

Les pigments Jesmonite sont des couleurs primaires et naturelles. Pour faire du rose, par exemple, il faut utiliser du rouge vif en très faible quantité.

Pigment Rouge vif	½ goutte/2 gouttes/3 gouttes
Pigment Jaune vif	1 goutte/2 gouttes/3 gouttes
Pigment Vert	½ goutte/2 gouttes/3 gouttes
Pigment Bleu	½ goutte/2 gouttes/3 gouttes
Pigment Terracotta	1 goutte/2 gouttes/5 gouttes
Pigment Noir	½ goutte/2 gouttes/3 gouttes

Il existe aussi d'autres pigments liquides tel que les couleurs Coade, Ocre jaune, Rouge oxyde dans la gamme Jesmonite.

Vous pouvez également éclaircir la Jesmonite et la rendre blanche en utilisant du pigment Blanc.

LEXIQUE

Acrylique : solution obtenue par polymérisation et composée d'au moins 85 % d'acrylonitrile.

Aqueuse : se dit d'une solution dont le solvant est l'eau.

Bécher : récipient transparent (ici en silicone) gradué avec un bec verseur, utilisé le plus souvent en chimie ou pour des préparations précises.

Couler : action de verser une préparation dans un moule.

Dripping : terme venant de l'anglais : *to drip*, qui signifie « laisser goutter ». Cette technique, utilisée par de nombreux artistes, consiste à projeter de la peinture sur un support posé à l'horizontale. Elle est appelée dans l'art *action painting* ou « peinture gestuelle ».

Gypse : minéral très commun de faible dureté, appelé « pierre à plâtre », composé de sulfate hydraté naturel de calcium monoclinique. En le chauffant, il produit le plâtre par déshydratation partielle.

Pigment : poudre ou liquide colorant une autre matière.

Terrazzo : matière dont l'aspect vient de fragments de pierres, de marbre coloré et de ciment poli. Le terrazzo est connu dès l'Antiquité en Italie, tout particulièrement à Venise où il ornera plus tard les palais les plus prestigieux.

Tarer : action de remettre à zéro une balance en appuyant sur le bouton prévu à cet effet.

Prendre : désigne l'action de séchage de la Jesmonite. On dit que la matière « prend ».

Poncer : action de retirer de la matière pour la rendre plus lisse ou ajuster ses formes avec un papier de verre.

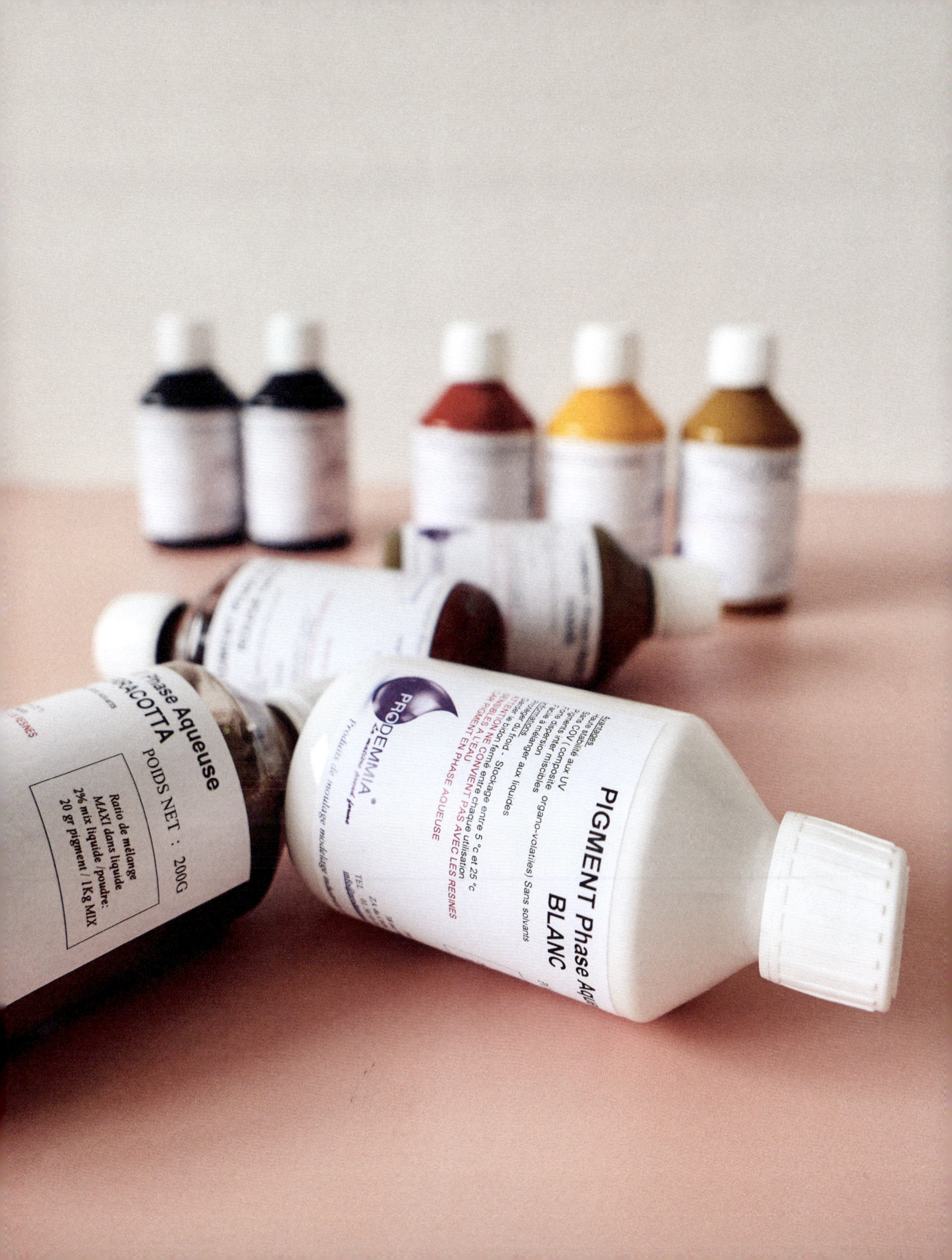
PIGMENT Phase
BLANC
PRODEMMIA
Phase Aqueuse
POIDS NET : 200G
Ratio de mélange
MAXI dans liquide
2% mix liquide /poudre:
20 gr pigment / 1Kg MIX

HOME

CHAPITRE 2
LES CRÉATIONS AVEC DES MOULES EN SILICONE

HOME

Le vide-poche à message

Une coupelle à bijoux, un porte-savon ou bien tout simplement un vide-poche à message ! C'est ce que je vous propose de réaliser avec un des moules les plus simples à utiliser, un moule ovale, pratique à démouler.

LE MATÉRIEL

- **De la poudre de Jesmonite® AC100**
- **Du liquide Jesmonite® AC100**
- **Du pigment liquide vert**
- **1 moule en silicone « Alphabet »**
- **1 moule en silicone ovale**
- **1 saladier**
- **1 cuillère en bois**
- **1 abaisse-langue**
- **2 gobelets en carton**
- **1 balance digitale**
- **Du vernis hydrofuge (option pour porte-savon)**

LE MOT « HOME »

1. Posez le moule sur la balance et appuyez sur « tare ». Remplissez d'eau les 4 lettres HOME. J'obtiens ici 100 g d'eau, puis faites les calculs suivants :

- 100 ÷ 2 = 50 g de liquide
- 50 × 2,5 = 125 g de poudre

Avec la balance, pesez 125 g de poudre : posez le gobelet sur la balance et appuyez sur le bouton « tare ». Elle se remet à 0. Versez ensuite 125 g de poudre dans le gobelet.

2. Appuyez à nouveau sur « tare » et versez le liquide pour peser 50 g.

3. Mélangez la poudre et le liquide dans le saladier avec la cuillère pour obtenir une pâte homogène.

4. Ajoutez 1 goutte de pigment vert : trempez le bout de l'abaisse-langue dans le pigment, puis déposez une toute petite goutte dans le mélange de Jesmonite. Mélangez avec la cuillère en bois jusqu'à obtenir une couleur homogène.

5. Coulez la Jesmonite dans le moule Alphabet en ne remplissant que les lettres qui serviront à écrire votre mot, ici : H O M E.

ASTUCE

▶ **Pour obtenir du turquoise comme ici, je n'utilise pas le pigment bleu, qui donnerait du bleu clair, mais une pointe de vert.**

6. Attendez 20 minutes et démoulez les lettres.

LE FOND DU MOULE

7. Pesez le moule à vide et appuyez sur « tare ». Remplissez le moule d'eau pour calculer le volume de Jesmonite à préparer. Ici, l'eau pèse 200 g. Pour connaître la quantité de liquide et de poudre à utiliser, faites le calcul suivant :
200 ÷ 2 = 100 g de liquide
100 × 2,5 = 250 g de poudre

8. Pesez 250 g de poudre de Jesmonite.

9. Pesez 100 g de Jesmonite liquide.

10. Mélangez la poudre et le liquide avec la cuillère en bois propre dans le saladier en veillant à bien supprimer les grumeaux pour obtenir une pâte homogène.

11. Disposez les lettres dans le moule pour former le mot. Veillez à les placer à l'envers du sens de lecture. Pensez que le fond du moule est la partie qui sera l'avant du vide-poche. En les plaçant ainsi, elles seront dans le bon sens de lecture.

12. Coulez la Jesmonite autour et sur les lettres.

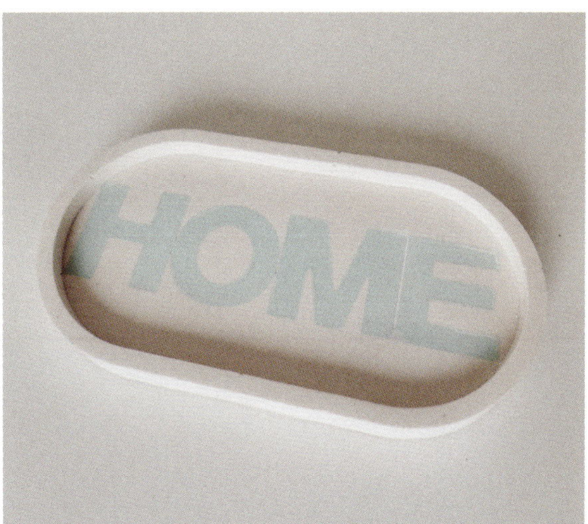

13. Laissez sécher 20 minutes et démoulez.

14. Poncez avec du papier de verre fin pour éliminer les imperfections.

OPTION

▶ **Si vous souhaitez utiliser cet objet comme porte-savon, vous pouvez vernir la Jesmonite avec un vernis hydrofuge pour une meilleure résistance à l'eau.**

LA BOÎTE À MOTIFS

Créer en 3D avec la Jesmonite est toujours spectaculaire. Réalisez une petite boîte à bijoux ou à secrets, de forme hexagonale, et personnalisez-la avec un motif floral ou tout autre motif de votre choix.

LE MATÉRIEL

- De la poudre de Jesmonite® AC100
- Du liquide Jesmonite® AC100
- Du pigment ocre jaune
- Du pigment oxyde rouge
- De la peinture noire acrylique
- Du vernis acrylique
- 1 moule en silicone hexagonal pour le fond de boîte
- 1 moule en silicone hexagonal pour le couvercle
- 1 saladier
- 1 cuillère en bois
- 2 abaisse-langues
- 1 bécher en silicone
- 1 pipette
- 1 balance
- 1 pinceau fin
- 1 pinceau large
- 1 gobelet

1. Posez les 2 moules sur la balance, l'un après l'autre.

2. Appuyez sur « tare ». Pour calculer le volume de Jesmonite à préparer pour chacun d'eux, remplissez entièrement les 2 moules d'eau, chacun leur tour.

- Pour le fond de la boîte : le poids de l'eau est de 200 g.
- Pour connaître la quantité de liquide et de poudre à utiliser, faites le calcul suivant :
  200 ÷ 2 = 100 g de liquide
  100 × 2,5 = 250 g de poudre
- Pour le couvercle de la boîte : le poids de l'eau est de 120 g. Pour connaître la quantité de liquide et de poudre à utiliser, faites le calcul suivant :
  120 ÷ 2 = 60 g de liquide
  60 × 2,5 = 150 g de poudre

3. Pour le fond de la boîte, pesez 250 g de poudre de Jesmonite.

4. Appuyez sur « tare » et ajoutez 100 g de liquide de Jesmonite.

5. Mélangez la Jesmonite avec la cuillère en bois. Veillez à obtenir un mélange homogène sans grumeaux.

6. Prélevez du pigment rouge oxyde avec la pipette et ajoutez 2 gouttes dans la préparation.

7. Mélangez à nouveau pour obtenir une couleur homogène.

8. Coulez immédiatement la Jesmonite dans le moule en silicone du fond de la boîte.

9. Laissez prendre pendant 20 à 30 minutes.

10. Pour réaliser le couvercle de la boîte, répétez les étapes 3 à 9. Utilisez les dosages calculés pour le couvercle à l'étape 2 et remplacez le pigment rouge oxyde de l'étape 6 par du pigment ocre jaune.

11. Démoulez les moules quand vous sentez que la Jesmonite commence à refroidir. Laissez-les sécher pendant 24 heures.

12. Avec le pinceau fin, peignez le motif de votre choix sur le couvercle de la boîte avec de la peinture noire acrylique.

ASTUCE

▶ **Si vous n'arrivez pas à peindre à main levée, vous pouvez décalquer le dessin sur le couvercle en Jesmonite.**

13. Laissez sécher 24 heures et vernissez la boîte avec le vernis acrylique en utilisant le pinceau large pour protéger votre dessin.

Le bougeoir moucheté

Dans un intérieur, les bougies sont souvent omniprésentes et ont besoin d'un bel écrin. Je vous propose de créer un bougeoir minimaliste avec un léger effet moucheté obtenu avec une pointe de café, une matière naturelle à portée de main dans votre placard !

LE MATÉRIEL

- **De la poudre de Jesmonite® AC100**
- **Du liquide Jesmonite® AC100**
- **1 moule en silicone pour réaliser un bougeoir**
- **1 saladier**
- **1 cuillère en bois**
- **1 abaisse-langue**
- **1 bécher en silicone**
- **1 balance digitale**
- **Du café en poudre**

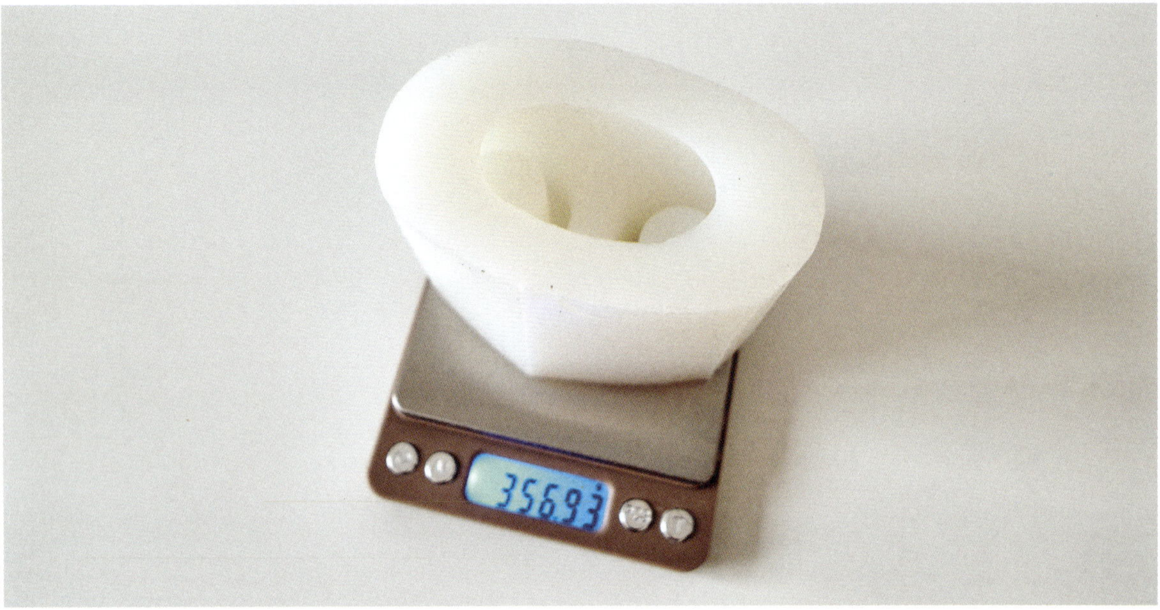

1. Posez le moule sur la balance.

2. Appuyez sur « tare » et versez de l'eau dans le moule pour connaître sa contenance. Vous devez le remplir en entier. Ici j'obtiens 96 g d'eau. Pour connaître la quantité de liquide et de poudre à utiliser, faites les calculs suivants :
96 ÷ 2 = 48 g de liquide
48 × 2,5 = 120 g de poudre

3. Pesez 120 g de poudre de Jesmonite.

4. Appuyez sur « tare ». Ajoutez 48 g de liquide de Jesmonite.

5. Mélangez la Jesmonite avec l'abaisse-langue. Veillez à obtenir un mélange homogène sans grumeaux.

6. Ajoutez ½ cuillerée à café de café en poudre dans la Jesmonite.

7. Coulez immédiatement la Jesmonite dans le moule en silicone.

8. Laissez prendre pendant 20 à 30 minutes. Démoulez quand vous sentez que la Jesmonite commence à refroidir.

Le miroir arc-en-ciel

L'indispensable de la salle de bains, c'est le miroir ! Ici le miroir est amovible pour pouvoir le porter à la main et se voir de plus près. Il est accueilli par un socle en Jesmonite qui en fait un objet déco à lui seul.

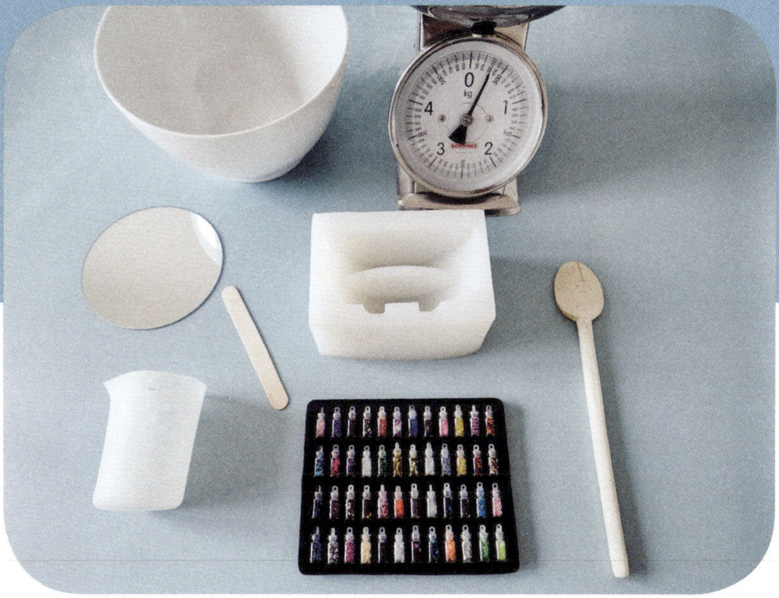

LE MATÉRIEL

- **De la poudre de Jesmonite® AC100**
- **Du liquide Jesmonite® AC100**
- **1 moule en silicone pour réaliser un socle arc-en-ciel**
- **1 miroir rond de 15 cm de diamètre**
- **1 saladier**
- **1 cuillère en bois**
- **1 abaisse-langue**
- **1 bécher en silicone**
- **1 balance**
- **Des paillettes multicolores**

PESER LA CONTENANCE DU MOULE

1. Appuyez sur « tare » et versez de l'eau dans le moule pour connaître sa contenance. Vous devez le remplir en entier. Ici j'obtiens 600 g d'eau. Pour connaître la quantité de liquide et de poudre à utiliser, faites les calculs suivants :
600 ÷ 2 = 300 g de liquide
300 × 2,5 = 750 g de poudre

PRÉPARER LA JESMONITE

2. Pesez 750 g de poudre de Jesmonite dans le bol de la balance puis versez la poudre dans le saladier.

3. Pesez 300 g de liquide de Jesmonite dans le bol de la balance puis versez le liquide dans le saladier.

4. Mélangez la Jesmonite dans le saladier à l'aide de la cuillère en bois.

5. Versez des paillettes au fond du moule arc-en-ciel en les répartissant de façon homogène.

6. Versez lentement la préparation de Jesmonite dans le moule pour ne pas déplacer les paillettes.

7. Laissez sécher 30 à 40 minutes. Ce moule est assez imposant en épaisseur de matière. Vous devez être bien sûr que la Jesmonite est sèche pour démouler. Attendez que celle-ci refroidisse au toucher, puis démoulez.

8. Placez le miroir dans son socle.

Les dessous-de-verre texturés

Les dessous-de-verre peuvent avoir toutes les formes : ronds, carrés, octogonaux. Ils sont souvent en matière plastique et unis. Je vous propose de réaliser des dessous-de-verre de formes et tailles différentes et d'y inclure des matières telles que le tissu, le cuir ou bien le cannage. Vous verrez, avec la Jesmonite, tout est possible… ou presque !

LE MATÉRIEL

- **De la poudre de Jesmonite® AC100**
- **Du liquide Jesmonite® AC100**
- **2 moules en silicone hexagonaux**
- **1 moule en silicone carré**
- **1 morceau de tissu**
- **1 morceau de cuir**
- **1 morceau de cannage**
- **1 saladier**
- **1 cuillère en bois**
- **1 abaisse-langue**
- **1 bécher en silicone**
- **1 balance digitale**
- **1 paire de ciseaux**
- **1 feutre noir à pointe fine**
- **Du papier de verre**

PESER LA CONTENANCE DES MOULES

1. Appuyez sur « tare » et versez de l'eau dans chacun des 3 moules pour connaître leur contenance. Vous devez les remplir en entier. Ici on obtient :

- Moule hexagonal transparent : le poids de l'eau est de 56 g.
56 ÷ 2 = 28 g de liquide
28 × 2,5 = 70 g de poudre

- Moule hexagonal rose : le poids de l'eau est de 140 g.
140 ÷ 2 = 70 g de liquide
70 × 2,5 = 175 g de poudre

- Moule carré : le poids de l'eau est de 90 g.
90 ÷ 2 = 45 g de liquide
45 × 2,5 = 112,50 g de poudre

2. Tracez le contour du moule carré sur le cannage avec le feutre noir.

3. Avec les ciseaux, découpez un carré dans le cannage selon le tracé.

4. Tracez le contour du moule hexagonal rose sur le tissu avec le feutre noir.

5. Découpez un hexagone dans le tissu selon le tracé, puis enlevez une partie du tissu en suivant votre motif.

PAS À PAS

6. Tracez le contour du moule hexagonal transparent sur le cuir avec le feutre noir.

7. Avec les ciseaux, découpez un hexagone dans le cuir selon le tracé.

8. Ajustez les matières pour qu'elles entrent dans les moules en recoupant progressivement les bords de quelques millimètres. Le tissu, le cuir et le cannage doivent pouvoir être posés bien à plat dans les moules, sans plis. Pensez aussi à les positionner face envers vers vous pour que la face endroit soit dans le bon sens au démoulage.

PRÉPARER LA JESMONITE

9. Pesez la poudre de Jesmonite pour les 3 moules : 70 g + 175 g + 112,50 g = 357,50 g.
Versez cette quantité de poudre dans le saladier.

10. Pesez le liquide de Jesmonite pour les 3 moules : 28 g + 70 g + 45 g = 143 g.
Versez cette quantité de liquide dans le saladier.

11. Mélangez la Jesmonite à l'aide de la cuillère en bois jusqu'à l'obtention d'une pâte bien lisse, sans grumeaux.

12. Coulez la Jesmonite dans les 3 moules en veillant à ne pas faire bouger les matières positionnées au fond des moules. Laissez sécher 20 à 30 minutes et démoulez lorsque la Jesmonite commence à refroidir.

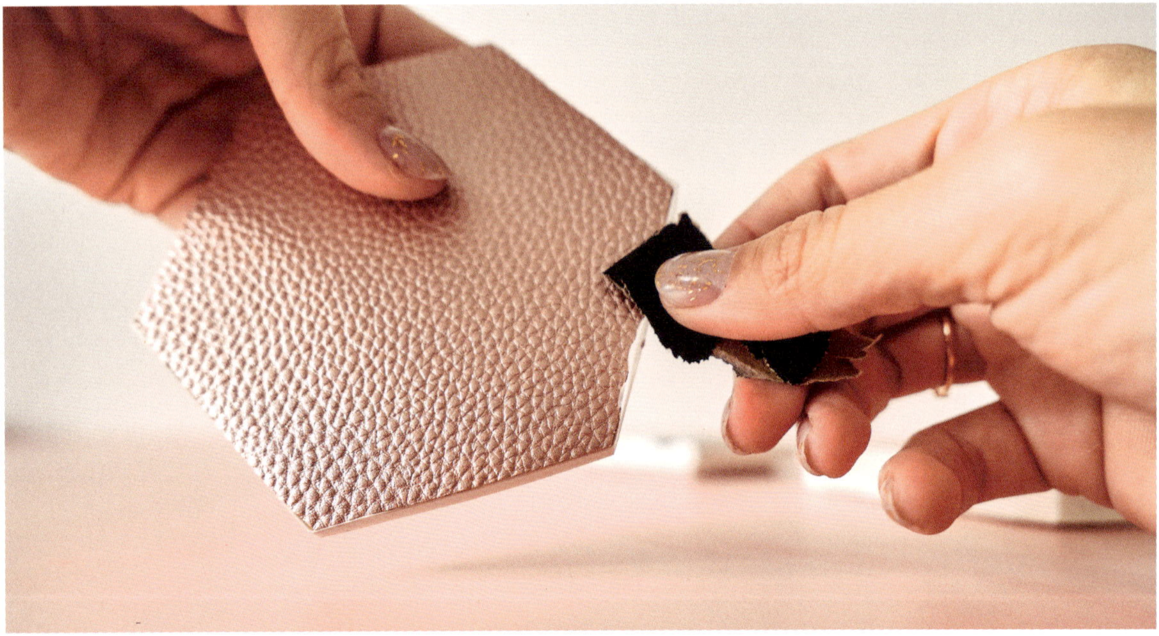

13. Poncez légèrement les bords des dessous-de-verre avec du papier de verre pour ajuster les bords si de la Jesmonite dépasse.

SOEHNLE
JESMONITE
BASE
JESMONITE
2.5KG
AC100
LIQUIDS
JESMONITE
SHAKE WELL BEFORE USE

Phase Aqueuse JAUNE VIF
PIGMENT Phase Aqueuse
OCRE JAUNE
PIGMENT
BLUE
PIGMENT Phase Aqueuse
TERRACOTTA

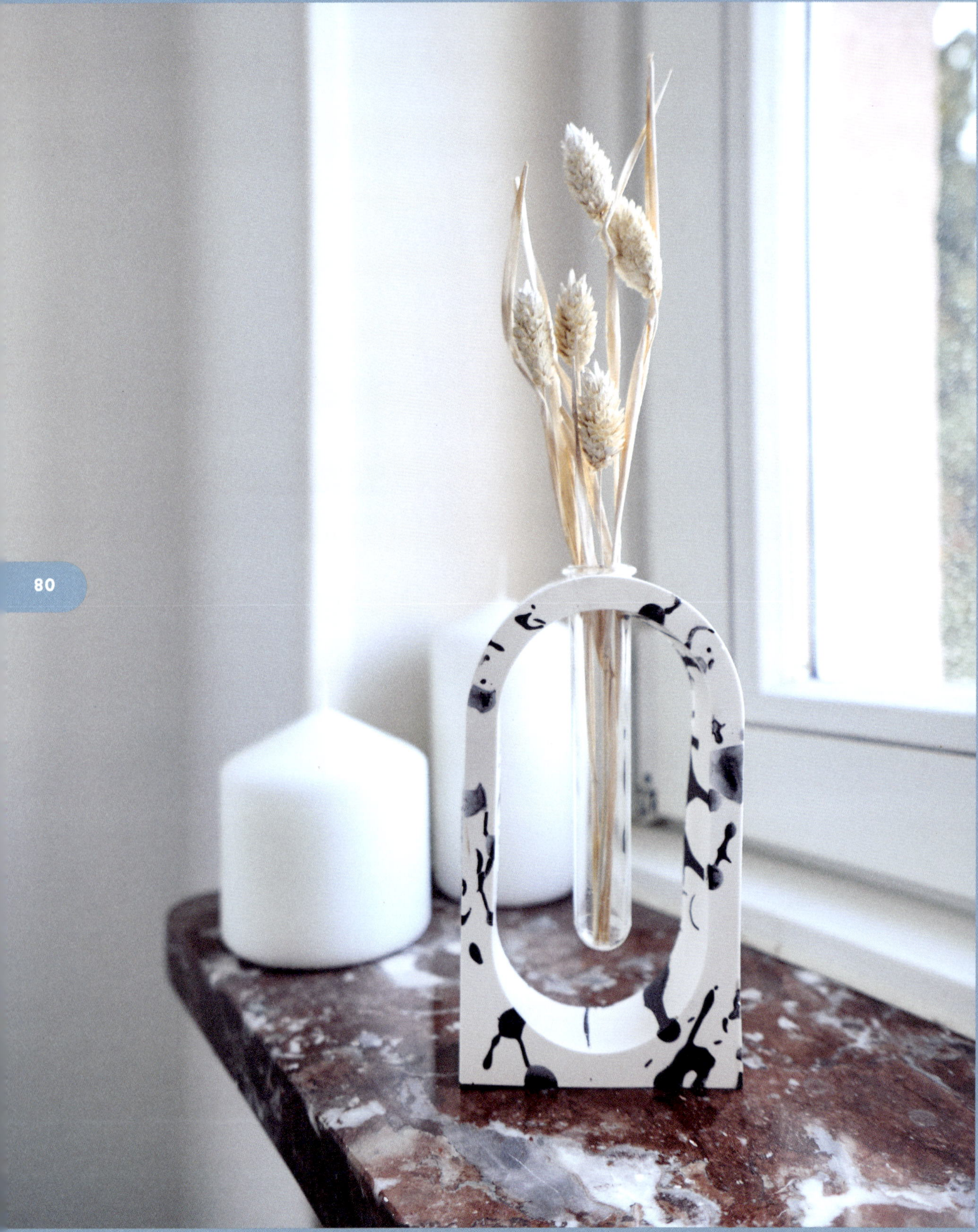

LE VASE ÉPURÉ

Les vases minimalistes, c'est ultratendance ! On en trouve dans tous les intérieurs. Moulez votre propre vase épuré en utilisant la technique du dripping pour le décorer.

LE MATÉRIEL

- **De la poudre de Jesmonite® AC100**
- **Du liquide Jesmonite® AC100**
- **1 moule en silicone en forme de vase**
- **1 abaisse-langue**
- **1 saladier**
- **1 cuillère en bois**
- **1 bécher en silicone**
- **1 gobelet en carton**
- **1 balance digitale**
- **1 pipette**
- **Du pigment noir**

PESER LA CONTENANCE DU MOULE

1. Appuyez sur « tare » et versez de l'eau dans le moule pour connaître sa contenance. Vous devez le remplir en entier. Ici j'obtiens 180 g d'eau. Pour connaître la quantité de liquide et de poudre à utiliser, faites les calculs suivants :
180 ÷ 2 = 90 g de liquide
90 × 2,5 = 225 g de poudre

PAS À PAS

PRÉPARER LA JESMONITE NOIRE POUR LE DRIPPING

2. Pesez 75 g de poudre de Jesmonite dans le bécher.

3. Appuyez sur « tare » et versez 30 g de liquide de Jesmonite dans le bécher.

4. Mélangez avec l'abaisse-langue jusqu'à obtention d'une pâte homogène.

5. Ajoutez quelques gouttes de pigment noir avec la pipette. Puis mélangez à nouveau jusqu'à obtenir une couleur noire profonde. Rajoutez du pigment si le noir reste trop « gris ».

LE DRIPPING

6. Trempez l'abaisse-langue dans la Jesmonite noire et « projetez » aléatoirement la matière sur le moule. C'est la technique du *dripping*. Laissez sécher 10 à 15 minutes.

ASTUCE

▶ **J'ai mis une protection en plastique en dessous pour ne pas salir ma table.**

PRÉPARER LA JESMONITE POUR LE MOULE

7. Pesez le moule à vide et appuyez sur « tare ». Remplissez le moule d'eau pour calculer le volume de Jesmonite à préparer. Ici l'eau pèse 180 g. Pour connaître la quantité de liquide et de poudre à utiliser, faites les calculs suivants :
180 ÷ 2 = 90 g de liquide
90 × 2,5 = 225 g de poudre
Versez le tout dans le saladier et mélangez jusqu'à obtenir une pâte homogène.

8. Coulez la préparation dans le moule, puis tapotez le moule sur la table pour retirer les bulles. Laissez sécher 20 à 30 minutes.

9. Démoulez délicatement. Poncez avec du papier de verre si nécessaire.

Les boucles d'oreilles dorées

La Jesmonite est une matière très résistante, mais légère ! Elle est donc parfaite pour la réalisation de bijoux. Je vous propose de créer une paire de boucles d'oreilles contemporaines décorées de feuilles d'or.

LE MATÉRIEL

- De la poudre de Jesmonite® AC100
- Du liquide Jesmonite® AC100
- 1 moule en silicone à bijoux
- 1 bécher en silicone
- 1 abaisse-langue
- 1 balance digitale
- 1 pince à épiler
- 1 pince à bijoux
- 2 anneaux ouverts (adaptés à la taille du trou du moule)
- 2 crochets à oreilles
- Quelques grammes de feuille d'or
- 1 pinceau
- Du vernis acrylique

PESER LA CONTENANCE DES MOULES

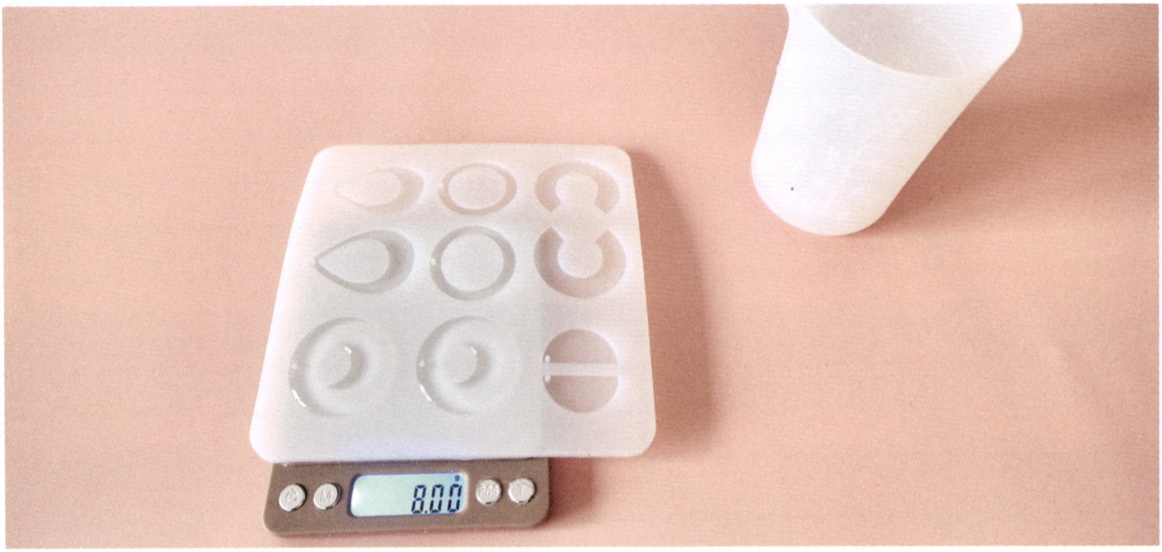

1. Déposez le moule sur la balance, appuyez sur « tare » et versez de l'eau dans les moules pour connaître leur contenance. Veillez à bien remplir les 2 emplacements des boucles d'oreilles à ras bord. Ici le poids de l'eau est de 8 g. Pour connaître la quantité de liquide et de poudre à utiliser, faites les calculs suivants :

8 ÷ 2 = 4 g de liquide

4 × 2,5 = 10 g de poudre

AJOUTER LES FEUILLES D'OR

2. Déposez de la feuille d'or à la pince à épiler dans le fond des moules des 2 boucles d'oreilles.

PRÉPARER LA JESMONITE

3. Pesez 10 g de poudre de Jesmonite dans le bécher.

4. Appuyez sur « tare » pour remettre la balance à 0. Ajoutez 4 g de liquide.

5. Mélangez soigneusement avec l'abaisse-langue jusqu'à faire disparaître tous les grumeaux. Vous devez obtenir une pâte bien lisse.

6. Versez la Jesmonite dans les moules et laissez sécher 20 minutes.

7. Démoulez.

8. Au pinceau, passez 2 couches de vernis de chaque côté sur les boucles d'oreilles. Attendez 30 minutes de séchage entre les 2 couches.

MONTAGE DES BIJOUX

1. Passez l'anneau ouvert dans le trou de la boucle d'oreille. Puis enfilez l'attache à oreille dans l'anneau.

2. Refermez l'anneau avec la pince à bijoux. Le bon geste est de positionner la pince de chaque côté de l'anneau et de l'écraser en veillant à bien serrer les deux parties de l'anneau face à face, l'une contre l'autre, sans qu'elles ne se chevauchent.

3. Répétez les étapes 1 et 2 pour monter la seconde boucle d'oreille. Attention, pensez à positionner l'attache à oreille dans le même sens pour les 2 boucles d'oreilles.

Le plateau marbré

Dans ce projet, vous allez réaliser un plateau et utiliser les techniques de l'inclusion et de la marbrure. Vous allez également découvrir comment réutiliser un morceau de Jesmonite cassé dans un nouveau projet.

LE MATÉRIEL

- **De la poudre de Jesmonite® AC100**
- **Du liquide Jesmonite® AC100**
- **Du pigment terracotta**
- **2 morceaux cassés de Jesmonite (ici, 2 morceaux du même plateau cassé)**
- **1 moule en silicone de plateau rond, 30 cm de diamètre**
- **1 saladier**
- **1 abaisse-langue**
- **1 balance**

1. Posez le moule sur la balance.

2. Appuyez sur « tare » et remplissez d'eau le moule en entier pour calculer le volume de Jesmonite à préparer. Le poids de l'eau est ici de 400 g. Pour connaître la quantité de liquide et de poudre à utiliser, faites les calculs suivants :
400 ÷ 2 = 200 g de liquide
200 × 2,5 = 500 g de poudre

PIGMENT Phase
TERRACOTTA

3. Placez les morceaux cassés de Jesmonite dans le moule aux endroits de votre choix.

4. Pesez 500 g de poudre de Jesmonite.

5. Appuyez sur « tare » et ajoutez 200 g de liquide de Jesmonite.

6. Mélangez la Jesmonite avec l'abaisse-langue. Veillez à obtenir un mélange homogène sans grumeaux.

7. Versez environ 4 à 5 gouttes de pigment terracotta dans la préparation.

8. Mélangez doucement avec l'abaisse-langue en formant des zigzags pour obtenir un effet marbré.

9. Coulez immédiatement la Jesmonite dans le moule en silicone entre les morceaux que vous avez disposés à l'étape 3. Pour un joli effet marbré, faites couler doucement. Remplissez bien les écarts entre les morceaux de Jesmonite déjà existants.

10. Aidez-vous de l'abaisse-langue pour étaler uniformément la Jesmonite entre les morceaux.

ASTUCE

- **Vous pouvez racler le surplus s'il y en a pour que la Jesmonite fraîchement coulée soit au même niveau que celle des morceaux. Cette étape est importante pour que votre plateau soit bien plat.**

11. Laissez sécher entre 30 et 40 minutes.

12. Démoulez soigneusement.

Le porte-savon bicolore

La Jesmonite est une matière qui résiste naturellement à l'eau. Traitée avec un vernis hydrofuge, elle résiste à toutes les épreuves. Je vous propose de réaliser un porte-savon bicolore ultra-tendance grâce à un effet terrazzo et une couleur unie.

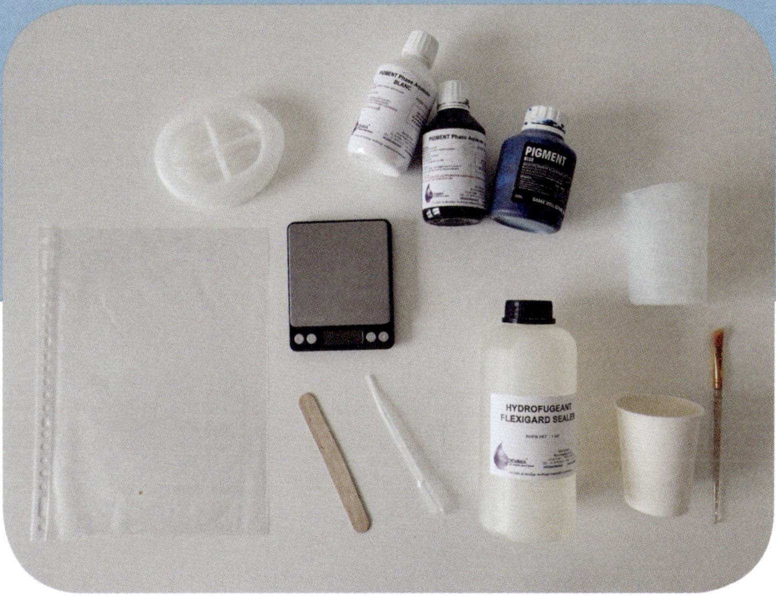

LE MATÉRIEL

- **De la poudre de Jesmonite® AC100**
- **Du liquide Jesmonite® AC100**
- **Du pigment noir**
- **Du pigment blanc**
- **Du pigment bleu**
- **1 moule en silicone ovale, spécial porte-savon**
- **1 bécher en silicone**
- **1 abaisse-langue**
- **1 balance digitale**
- **1 pochette plastique**
- **1 pipette**
- **Du vernis hydrofuge**
- **1 pinceau large**
- **3 gobelets**

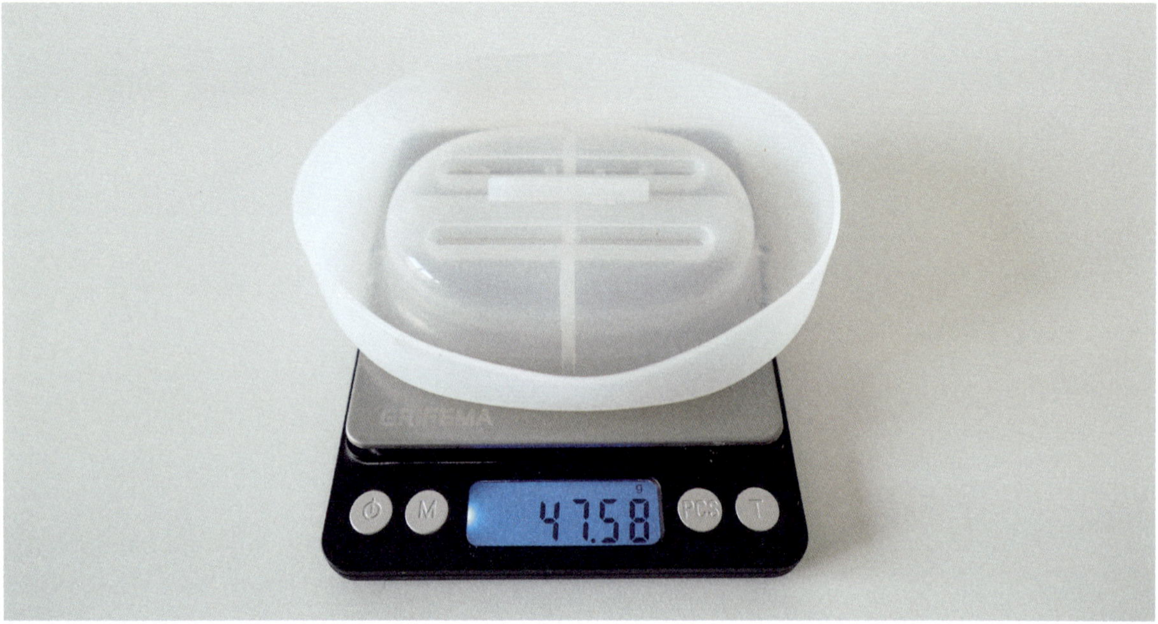

1. Posez le moule sur la balance.

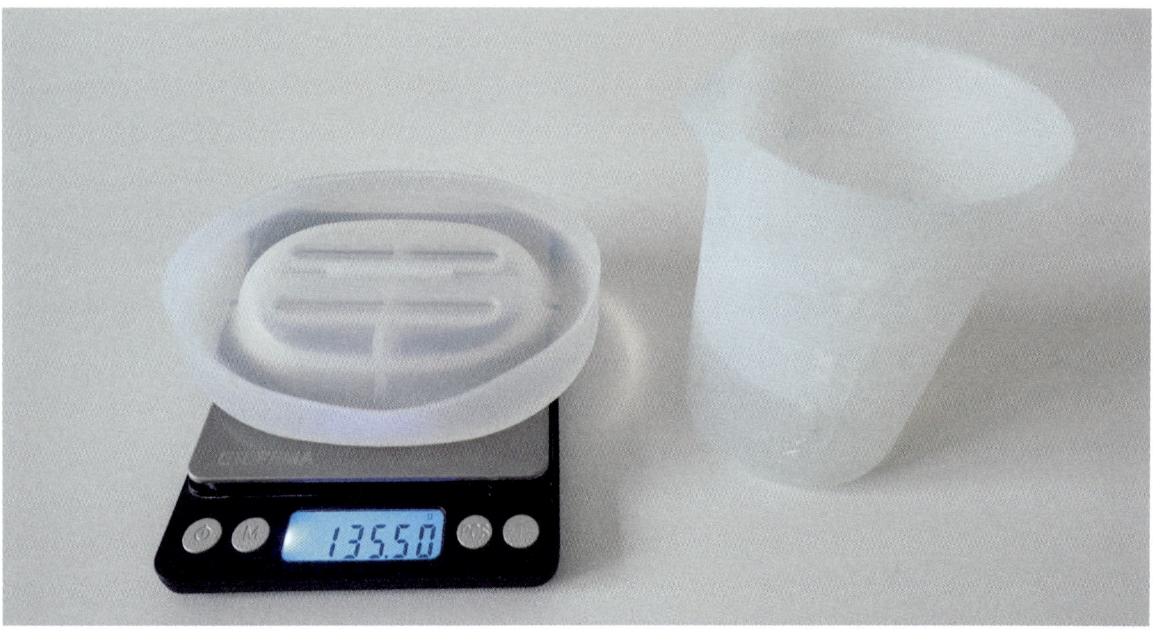

2. Appuyez sur « tare » et remplissez d'eau le moule en entier pour calculer le volume de Jesmonite à préparer. Le poids de l'eau est de 135 g environ. Pour connaître la quantité de liquide et de poudre à utiliser, faites les calculs suivants :

135 ÷ 2 = 67,5 g de liquide

67,5 × 2,5 = 168,75 g de poudre

3. Pour préparer des copeaux de Jesmonite, versez dans le bécher 50 g de liquide et 125 g de poudre. Ajoutez 3 gouttes de colorant noir et mélangez.

4. Versez le mélange dans une pochette plastique et étalez-le de façon homogène à l'intérieur en la posant à plat. Laissez sécher la pochette bien à plat pendant 30 minutes.

5. Une fois la Jesmonite sèche, froissez la pochette pour « craqueler » la matière et en faire des copeaux. Réaliser cela directement dans la pochette vous permet de collecter facilement les morceaux au fond de celle-ci. Vous pouvez ensuite les verser dans un autre récipient ou les garder dans la pochette fermée par un élastique pour les stocker. Réservez les copeaux pour l'étape 9.

6. Placez le bécher en silicone sur la balance. Appuyez sur « tare ». Pesez 168,75 g de poudre de Jesmonite.

7. Appuyez sur « tare ». Pesez 67,5 g de liquide de Jesmonite. Mélangez jusqu'à obtenir une pâte homogène.

8. Séparez le mélange à parts égales dans 2 gobelets.

9. Dans le 1er gobelet, ajoutez 4 gouttes de pigment blanc et les copeaux noirs. Mélangez.

10. Dans le 2nd gobelet, ajoutez 3 gouttes de pigment bleu. Mélangez.

11. Déposez quelques copeaux noirs de Jesmonite directement au fond du moule. Cette astuce permet de faire apparaître en surface l'effet terrazzo sans avoir besoin de poncer la Jesmonite pour le faire apparaître.

12. Versez en même temps les 2 préparations dans le moule à savon. Les 2 préparations vont couler en face l'une de l'autre et se rejoindre au milieu du moule. Ainsi, elles seront disposées à parts égales de chaque côté.

13. Laissez sécher 20 à 30 minutes.

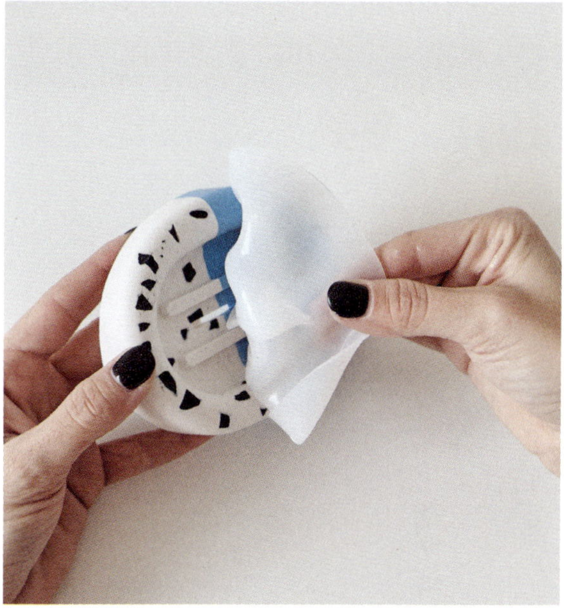

14. Démoulez soigneusement.

15. Attendez 24 heures et vernissez avec le vernis hydrofuge en utilisant le pinceau. Laissez sécher à nouveau 24 heures avant utilisation.

JESMON TE
JESMON TE

Aqueuse ROUGE
Phase Aqueuse
Wit
200 gr

Chapitre 3
Les créations avec des moules détournés

LA COUPELLE VIDE-POCHE

En déco sur un meuble d'entrée ou sur un buffet, on a toujours besoin d'une jolie coupelle pour y déposer des petites choses. Moi je m'en sers de vide-poche, quand je change de sac à main par exemple. Vous pouvez aussi y mettre des fruits ou des petits gâteaux si vous la vernissez avec un vernis alimentaire. Réalisez la vôtre en utilisant un ballon de baudruche, c'est hypersimple et ludique.

LE MATÉRIEL

- **De la poudre de Jesmonite® AC100**
- **Du liquide Jesmonite® AC100**
- **1 ballon de baudruche**
- **De la peinture acrylique couleur terracotta**
- **1 pinceau**
- **1 balance digitale**
- **1 entonnoir**
- **1 bécher en silicone**
- **1 abaisse-langue**
- **1 paire de ciseaux**
- **1 gonfleur à ballons**
- **1 saladier**
- **Du papier de verre**
- **1 cuillère en bois ou 1 mélangeur**
- **Du vernis protecteur alimentaire (option)**

MESURER LA QUANTITÉ DE JESMONITE NÉCESSAIRE

1. Déposez le bécher ou un gobelet en carton sur la balance, placez le ballon à l'intérieur, appuyez sur « tare » et remplissez le ballon d'eau sans trop le tendre. Versez l'eau dans le contenant pour connaître sa contenance. Ici, le poids de l'eau et du ballon est d'environ 91 g. Sachant qu'un ballon pèse 1 ou 2 g, j'ai retenu 90 g pour le poids de l'eau. Pour connaître la quantité de liquide et de poudre à utiliser, faites les calculs suivants :

90 ÷ 2 = 45 g de liquide

45 × 2,5 = 112,5 g de poudre

PRÉPARER LA JESMONITE

2. Pesez 112,5 g de poudre Jesmonite dans le saladier. Pour cela, posez le saladier sur la balance, appuyez sur « tare » et versez la poudre.

3. Pesez 45 g de liquide Jesmonite dans le bécher. Pour cela, posez le bécher sur la balance, appuyez sur « tare » et ajoutez le liquide.

4. Ajoutez le liquide dans le saladier, puis mélangez avec la cuillère en bois jusqu'à obtenir une pâte homogène sans grumeaux. Versez la préparation dans le bécher afin de pouvoir vous servir de son bec verseur ensuite.

5. Introduisez l'entonnoir dans le ballon et versez la Jesmonite dedans pour le remplir.

6. Gonflez le ballon rempli de Jesmonite avec le gonfleur. Attention, plus vous le gonflerez, plus la couche de Jesmonite sera épaisse et cassante. Je l'ai gonflé à moitié.

7. Fermez le ballon par un nœud. Répartissez la Jesmonite à l'intérieur en effectuant les mouvements suivants :
- prenez le ballon entre vos mains en positionnant le nœud sur le côté comme sur la photo ;
- tournez le ballon sur lui-même pendant 5 minutes de façon régulière sans vous arrêter, comme si c'était un poulet sur un tournebroche ;
- arrêtez-vous quand la Jesmonite commence à prendre. Vous sentirez quand elle durcit ;
- posez le ballon à plat, le nœud vers le haut, et laissez sécher 20 à 30 minutes.

8. Éclatez le ballon avec les ciseaux et « épluchez » la coupelle délicatement pour retirer le ballon tout autour. La Jesmonite qui est vers le haut sera très friable, retirez-la et ne laissez que celle dont l'épaisseur est bonne. Vous obtenez une coupelle ouverte aux bords irréguliers.

LES FINITIONS

9. Poncez les bords de la coupelle avec du papier de verre pour les uniformiser. Vous pouvez les rendre droits ou bien, comme moi, garder une sorte de vague, pour donner un côté aérien à la coupelle.

10. Peignez des formes abstraites sur la coupelle avec la peinture acrylique de couleur terracotta. Laissez sécher une bonne heure.

OPTION

▶ **Si vous souhaitez utiliser votre coupelle pour un usage alimentaire, vernissez-la avec un vernis protecteur alimentaire.**

La lampe minimaliste

Rien de plus simple que de fabriquer sa propre lampe avec un paquet de chips grâce au tutoriel de ce projet. Créez une lampe minimaliste, sans abat-jour et avec ampoule apparente, en un temps record !

LE MATÉRIEL

- **De la poudre de Jesmonite® AC100**
- **Du liquide Jesmonite® AC100**
- **1 boîte de chips avec son couvercle**
- **De la peinture acrylique pêche ou beige**
- **Du bicarbonate alimentaire**
- **1 pinceau**
- **1 assiette**
- **1 balance**
- **1 bécher en silicone**
- **1 saladier**
- **1 cuillère en bois ou 1 mélangeur**
- **1 pochette plastique**
- **De l'adhésif armé étanche**
- **1 cutter**
- **1 fil électrique avec interrupteur et douille intégrés**
- **1 ampoule adaptée à votre douille**
- **30 cm de fil de fer**

MESURER LA QUANTITÉ DE JESMONITE NÉCESSAIRE

1. Déposez le paquet de chips sur la balance et appuyez sur « tare ». Remplissez à ras bord le paquet de chips d'eau afin de connaître sa contenance. Ici le poids de l'eau est de 1 050 g. Pour connaître la quantité de liquide et de poudre à utiliser, faites les calculs suivants :

1050 ÷ 2 = 525 g de liquide

525 × 2,5 = 1 312,50 g de poudre

2. Pesez 525 g de liquide de Jesmonite dans la balance et versez-le dans le saladier.

3. Pesez 1 312,50 g de poudre de Jesmonite dans la balance.

4. Ajoutez la poudre dans le saladier et mélangez la Jesmonite avec la cuillère jusqu'à obtenir une pâte homogène.

PRÉPARATION DU MOULE

5. Découpez le fond de la boîte de chips avec le cutter.

6. Toujours avec le cutter, faites une entaille sur le haut de la boîte de chips, assez grande pour y laisser passer le fil électrique.

7. Passez le fil électrique dans la boîte. Coincez-le dans l'entaille et fermez la boîte de chips avec son couvercle.

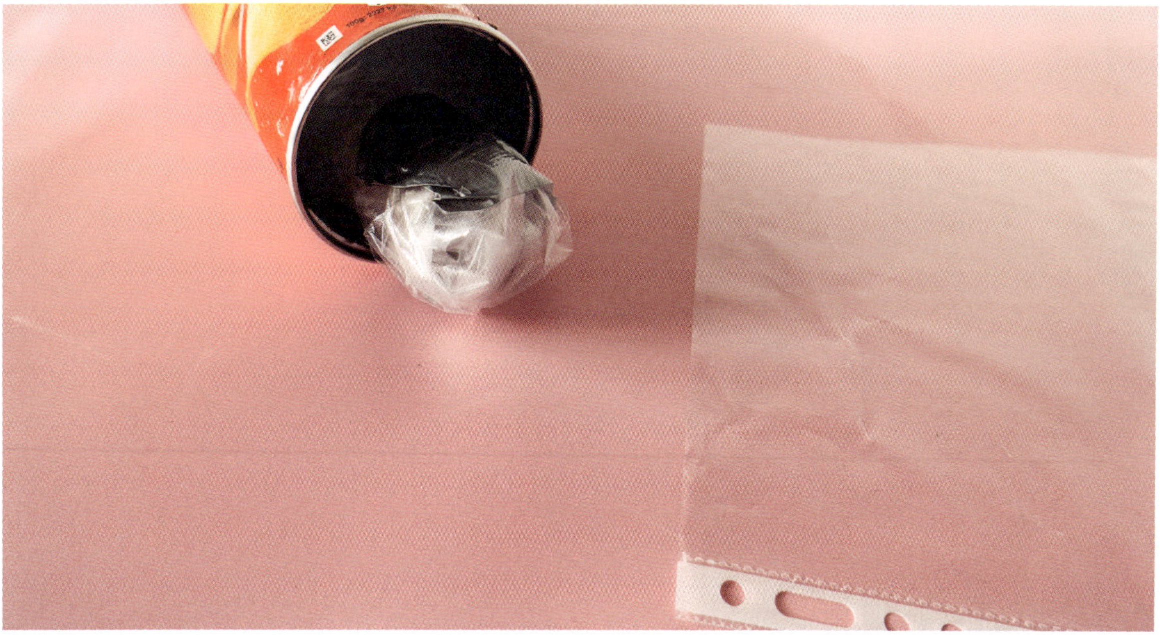

8. Ajustez la douille à la sortie de la boîte pour qu'elle ne dépasse pas trop ; le bas de celle-ci devra être pris dans la Jesmonite. Emballez-la dans un morceau de pochette plastique et scotchez l'ensemble afin de créer une protection pour ne pas qu'elle soit salie par la Jesmonite au moment du coulage.

9. Fermez le couvercle avec l'adhésif armé pour le rendre bien hermétique. Il faut mettre l'adhésif à cheval sur le bord pour que cela fonctionne bien. Mettez 2 couches pour un bon résultat.

10. Enroulez le morceau de fil de fer autour de la douille et laissez-le dépasser de chaque côté, comme sur la photo, pour fabriquer un socle à la douille. Le but est de tenir la douille en place au moment du coulage. Veillez également à ce que le fil soit bien placé au milieu du moule à ce moment-là.

11. Coulez la Jesmonite dans le moule (paquet de chips) jusqu'à recouvrir la base de la douille sur 4 cm. Enlevez le dispositif de protection de la douille.
Tenez la douille en place, bien au centre, avec votre main pendant quelques minutes, le temps que la Jesmonite commence à prendre.

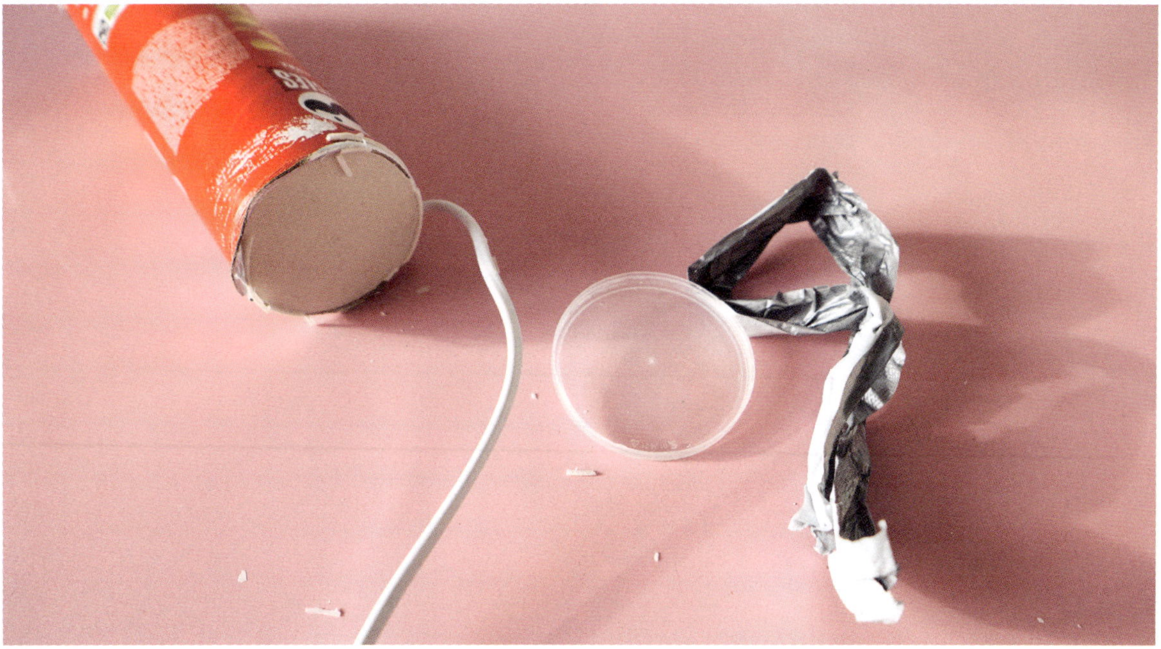

12. Laissez sécher la Jesmonite pendant 1 heure. Vérifiez que celle-ci soit bien froide pour la démouler. Si elle est encore chaude, attendez encore un peu – le temps de séchage dépend de la température de votre pièce. Puis enlevez le couvercle.

13. Faites une entaille sur toute la longueur du paquet de chips avec un cutter pour le démouler.

14. Écartez soigneusement le carton du paquet de chips et démoulez le pied de la lampe.

15. Versez de la peinture dans l'assiette et ajoutez du bicarbonate alimentaire jusqu'à obtenir une pâte granuleuse. Ajoutez autant de bicarbonate que nécessaire jusqu'à obtenir le grain qui vous plaît.

16. Peignez le pied de lampe. Une couche suffit. Laissez sécher 24 heures.

17. Vissez l'ampoule. Votre lampe est prête !

féminin / masculin
Secret d'étoiles

La table basse, hack Ikea

Un hack ? C'est le détournement de quelque chose. Je vous propose de vous servir d'une table Ikea comme moule pour réaliser une table basse effet terrazzo en Jesmonite.

LE MATÉRIEL

- De la poudre de Jesmonite® AC100
- Du liquide Jesmonite® AC100
- 1 table basse Ikea de 45 × 53 cm modèle Gladom (ou une table basse avec un plateau creux à rebord)
- Du pigment noir
- Du pigment vert
- Du pigment rouge
- Du pigment terracotta
- Du pigment jaune
- 1 balance
- De l'eau
- 1 carafe
- 5 pochettes en plastique
- 5 gobelets en carton
- 5 abaisse-langues
- 1 récipient avec bec verseur
- 1 bassine de 6 l
- 1 cuillère en bois ou 1 mélangeur

MESURER LA QUANTITÉ DE JESMONITE NÉCESSAIRE

1. Pour mesurer la quantité nécessaire de Jesmonite avec de l'eau, retirez le plateau de la table de son socle et placez-le sur une balance. Tarez la balance – elle doit indiquer 0.

Versez de l'eau avec la carafe dans le plateau jusqu'à ce qu'il soit entièrement rempli. Le poids de l'eau est de 3 800 g. Pour connaître la quantité de liquide et de poudre à utiliser, faites les calculs suivants :

3800 ÷ 2 = 1 900 g de liquide

1900 × 2,5 = 4 750 g de poudre

2. Videz l'eau du plateau et séchez-le soigneusement.

PRÉPARER LE TERRAZZO

3. Pendant ce temps, préparez des copeaux de Jesmonite. Pour cela, réalisez une préparation de Jesmonite dans un gobelet : versez 50 g de liquide et 125 g de poudre. Ajoutez 3 gouttes de colorant noir et mélangez avec un abaisse-langue.

4. Versez le mélange dans une pochette plastique et étalez-le de façon homogène à l'intérieur en la posant à plat. Laissez sécher la pochette bien à plat pendant 30 minutes.

5. Une fois la Jesmonite sèche, froissez la pochette pour « craqueler » la matière et en faire des copeaux. Réaliser cela directement dans la pochette vous permet de collecter facilement les morceaux au fond de celle-ci.

6. Répétez les étapes 3 à 5 autant de fois que vous souhaitez de couleurs de copeaux. Ici j'ai fait du noir, du jaune, du rose et du bleu turquoise. Voici mon dosage pour chaque couleur :

- noir : 3 gouttes ;
- jaune : 2 gouttes ;
- rouge pour obtenir du rose : ½ goutte ;
- terracotta pour obtenir du beige : 4 gouttes ;
- vert pour obtenir du bleu turquoise : une tête d'épingle.

CONSEIL

▶ **Pour obtenir des couleurs pastel, veillez à doser très faiblement les colorants. Mettez-en vraiment très peu et ajustez ensuite si nécessaire.**

7. Mélangez toutes les couleurs de copeaux ensemble dans un saladier et réservez-les pour l'étape 9.

PRÉPARER LA JESMONITE

8. Préparez la Jesmonite dans la bassine de 6 litres selon le calcul que vous avez fait à l'étape 1.
3800 ÷ 2 = 1 900 g de liquide
1900 × 2,5 = 4 750 g de poudre
Pesez d'abord la poudre sur la balance, tarez la balance et ajoutez-y le liquide. Mélangez énergiquement avec la cuillère en bois pour obtenir une préparation homogène sans grumeaux.

9. Ajoutez le mélange de copeaux dans la préparation. Mélangez bien.

10. Versez le tout directement dans le plateau de la table jusqu'à ras bord. Tapotez le plateau pour supprimer les bulles d'air. Laissez sécher 24 heures avant de manipuler le plateau. C'est le seul projet de ce livre que vous n'avez pas besoin de démouler.

11. Humidifiez le dessus du plateau et poncez la Jesmonite avec du papier de verre à grain moyen pour faire ressortir l'aspect terrazzo. Laissez sécher 24 heures. Pour cette étape, je vous conseille de porter un masque afin d'éviter de respirer la poussière.

OPTION

▶ **Appliquez de la cire d'abeille ou un imperméabilisant spécial Jesmonite avec un chiffon sur le plateau afin de le protéger des éventuelles taches.**

Aqueuse JAUNE V
POIDS NET : 200
Ratio de mélange :
2% maxi du mélange
liquide /poudre
SENSIBLES A L'EAU
PRODEMMIA
38 rue Magloire Douville
ZA du Cèdre - 78270 CRAVENT
PIGMENT
PRODEMMIA
La matière prend forme
Produits de moulage

se Aqueuse
AUNE
POIDS NET
PRODEMMIA
ZA du Cèdre - 78270
info@prodemmia.fr
PIGMENT Phase Aque
ROUGE OXYDE
Avantages
Haute stabilité aux UV
Sans COV (composite organo-volatiles) Sans solvants
Pigments inter miscibles
Forte dispersion
Facile à mélanger aux liquides
Informations
Protéger du froid - Stockage entre 5 °c et 25 °c
Garder le bidon fermé entre chaque utilisation
ATTENTION NE CONVIENT PAS AVEC LES RESINES
SENSIBLES A L'EAU
CAR PIGMENT EN PHASE AQUEUSE
PRODEMMIA
La matière prend forme
Produits de moulage modelage industri
PIGMENT
BLUE
FOR USE WITH JESMONITE AC100/AC200/AC300
Maximum addition rate - 2% (20g/kg)
Mix using Jesmonite High-shear Mixing Blade
For full instructions go to www.jesmonite.com
INFORMATION
Protect from frost
Keep container closed when not in use
Store between 5°c - 25°c
For further information call our
technical helpline on +44 (0)1588 630302
200G
SHAKE WELL BEFORE

La bougie à la cire de soja

Créer de A à Z sa propre bougie, qui n'en a jamais rêvé ? Avec ces bouteilles en plastique, vous réalisez le contenant, mais aussi son contenu. Vous allez réaliser en Jesmonite le pot pour accueillir la cire, et le remplir avec de la cire de soja naturelle.

LE MATÉRIEL

- **De la poudre de Jesmonite® AC100**
- **Du liquide Jesmonite® AC100**
- **1 bouteille d'eau d'1,5 l**
- **1 bouteille d'eau de 33 cl**
- **1 balance digitale**
- **1 casserole**
- **1 bécher en silicone**
- **1 cutter**
- **1 pipette**
- **1 abaisse-langue**
- **1 saladier**
- **1 cuillère en bois**
- **Du pigment de couleur Coade**
- **133 g de cire de soja**
- **1 pince à épiler**
- **1 paire de ciseaux**
- **Du papier de verre**
- **1 mèche pour bougie**

PRÉPARER LE MOULE

1. Avec le cutter, découpez les bouteilles d'eau pour retirer leur goulot. Il faut couper les 2 bouteilles à la même hauteur.

MESURER LA QUANTITÉ DE JESMONITE NÉCESSAIRE

2. Pour mesurer la quantité nécessaire de Jesmonite avec de l'eau, mettez la petite bouteille dans la grande et placez-les sur la balance. Tarez la balance – elle doit indiquer 0. Mettez la petite bouteille dans la grande, placez un poids en centre de la petite bouteille afin de bien à maintenir et éviter qu'elle ne flotte quand vous verserez l'eau. Versez de l'eau entre les bouteilles avec le bécher pour remplir entièrement l'espace.

Le poids de l'eau est de 300 g. Pour connaître la quantité de liquide et de poudre à utiliser, faites les calculs suivants :

$300 \div 2 = 150$ g de liquide

$150 \times 2{,}5 = 375$ g de poudre

CRÉER LE CONTENANT

3. Pesez 375 g de poudre de Jesmonite dans le bécher et versez-la dans le saladier.

4. Pesez 150 g de liquide de Jesmonite dans le bécher et versez-le également dans le saladier.

5. Mélangez la poudre et le liquide à l'aide de la cuillère en bois jusqu'à obtenir une pâte homogène sans grumeaux.

6. Versez la préparation dans le bécher et, avec la pipette, ajoutez-y 6 gouttes de pigment Coade.

7. Mélangez avec l'abaisse-langue en faisant des mouvements lents en forme de S. Arrêtez de mélanger quand vous aimez l'effet marbré. Attention : ne mélangez pas trop sinon l'effet marbré disparaîtra et vous obtiendrez à la place une couleur unie sans effet. De plus, quand vous verserez la préparation dans le moule, elle se mélangera encore légèrement.

8. Versez un peu de Jesmonite dans le fond de la grande bouteille d'eau.

9. Placez la petite bouteille dans la grande. Le fait d'avoir versé un fond de Jesmonite à l'étape précédente permettra de tenir la petite bouteille bien au milieu quand vous verserez le reste.

10. Versez la Jesmonite entre les 2 bouteilles.

11. Tenez la petite bouteille bien au milieu quelques minutes, le temps que la Jesmonite commence à prendre. Une fois qu'elle ne bouge plus, lâchez et laissez sécher 1 heure. La Jesmonite sèche moins vite dans le plastique que dans un moule en silicone classique.

12. Une fois le contenant à bougie bien sec, il est temps de le démouler. Découpez avec un cutter une longue entaille sur toute la hauteur de la bouteille.

13. Enlevez le plastique autour de la Jesmonite, puis découpez plusieurs entailles dans la petite bouteille à l'intérieur pour pouvoir l'extraire.

PRÉPARER LA CIRE

14. Pour définir la quantité de cire à couler dans le contenant en Jesmonite, il faut, comme avec la Jesmonite, peser de l'eau dans le contenant. Ici j'ai pesé 120 g d'eau. Effectuez ensuite le calcul suivant :
120 ÷ 0,9 = 133 g de cire de soja.

15. Pesez 133 g de cire de soja et faites-la chauffer dans la casserole à feu moyen en remuant continuellement avec l'abaisse-langue jusqu'à sa fonte complète.

16. Trempez le bout en métal de la mèche à bougie dans la cire et fixez-la au fond du contenant, bien au centre.

17. Versez la cire dans le contenant.

18. Placez une pince comme sur la photo, ou bien une pince à linge, pour tenir la mèche en place pendant le séchage. Attendez 24 heures pour être bien sûr que la bougie soit sèche. Ne déplacez pas la bougie pendant le séchage.

19. Avec une paire de ciseaux, coupez la mèche de la bougie à 1 cm de la cire. Allumez la bougie et profitez !

Le buste déco

Dans ce dernier projet, je vous propose de réaliser le moule en silicone. Il y a donc deux parties : la réalisation du moule et la réalisation d'un buste déco en Jesmonite. J'ai utilisé une bouteille de parfum en forme de buste de femme, mais vous pouvez utiliser n'importe quel objet de votre choix à reproduire.

Partie 1 – Création d'un moule en silicone

LE MATÉRIEL

- **1 bouteille de parfum en forme de buste de femme ou 1 autre objet au choix**
- **1 contenant en plastique rond avec un fond plat, en forme de cylindre (ici un paquet de bonbons en vrac)**
- **1 bassine de 6 l**
- **1 cutter**
- **1 spatule en silicone**
- **40 cm de fil de fer**
- **Du ruban adhésif armé ou imperméable**
- **1 balance**
- **1 mélangeur pour perceuse**
- **1 perceuse**
- **2 solutions liquides RTV Prodesil® PAE 2011 Part A, 1 kg**
- **2 solutions liquides RTV Prodesil® PAE 2011 Part B, 1 kg**

PRÉPARER LE CONTENANT POUR COULER LA SILICONE

1. Enlevez l'embout spray de la bouteille de parfum.

2. Scotchez le fond du contenant en plastique. Disposez l'adhésif à cheval entre le fond et la paroi afin de rendre la jointure totalement hermétique.

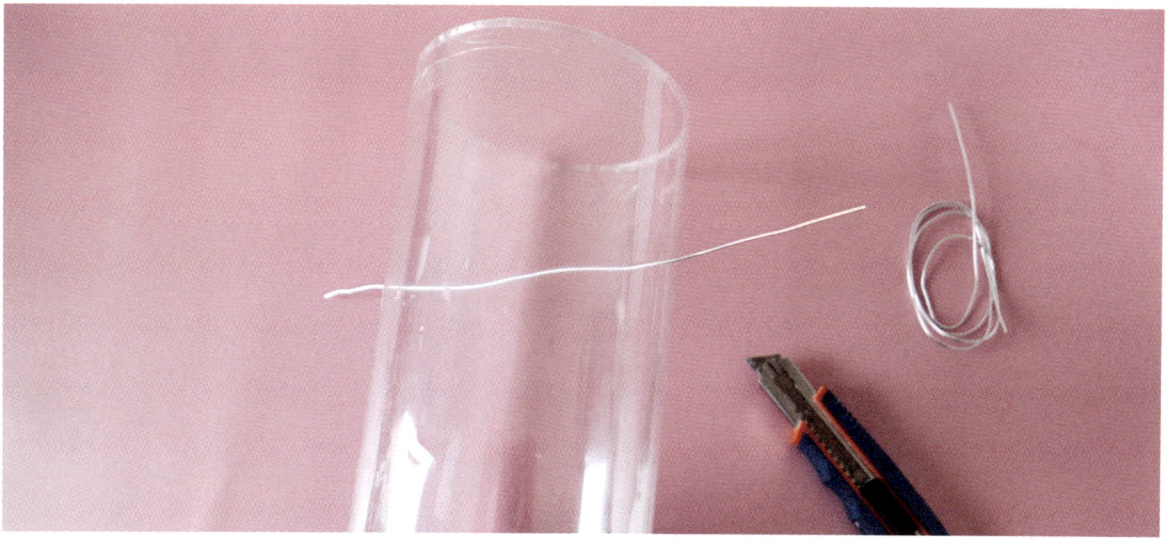

3. Avec le cutter, faites des petits trous de la taille du diamètre du fil de fer, l'un en face de l'autre sur la paroi du cylindre.
Pour savoir à quel endroit les réaliser, déposez votre objet (ici la bouteille de parfum) dans le cylindre et faites les trous au-dessus de l'objet. Puis insérez le fil de fer dans les trous en le laissant dépasser de part et d'autre.

4. Insérez la bouteille de parfum, la tête en bas dans le cylindre, et scotchez-la au fil de fer pour la faire tenir au centre du cylindre.
J'aurais pu poser directement la bouteille au fond du moule et couler la silicone avec la bouteille dans le bon sens, mais je voulais que la partie la plus large de mon objet soit positionnée vers le haut afin de faciliter le démoulage.
Je vous conseille de suivre cette méthode quel que soit l'objet que vous souhaitez dupliquer. Si vous positionnez votre objet dans le sens inverse du mien, pensez à mettre en dessous de celui-ci une pâte (type pâte à modeler) pour éviter que la silicone ne coule en dessous.

PRÉPARER LA SILICONE

5. Pesez 1 500 g de RTV Prodesil® PAE 2011 Part A, puis versez la solution liquide dans la bassine.

6. Pesez 1 500 g de RTV Prodesil® PAE 2011 Part B.

7. Versez le liquide dans la bassine. Servez-vous de la spatule pour bien racler son fond. Puis mélangez la silicone avec le mélangeur. Si vous avez plusieurs vitesses sur votre perceuse, choisissez la plus lente. Si vous mélangez trop vite, la silicone « mousse ».

8. Versez la silicone dans le moule en faisant attention qu'elle coule au fond en premier pour remonter lentement autour de l'objet ; cela permet de mieux la répartir dès le départ. Arrêtez-vous au ras de l'objet pour le laisser apparaître. Vous aurez besoin d'un trou pour démouler. Laissez sécher au minimum 2 heures.

DÉMOULER

9. Décollez l'adhésif de l'objet et retirez le fil de fer du contenant.

10. Découpez le contenant avec le cutter en créant une entaille sur toute la hauteur du cylindre. Attention à ne pas trop endommager la silicone en découpant.

11. Retirez délicatement le plastique.

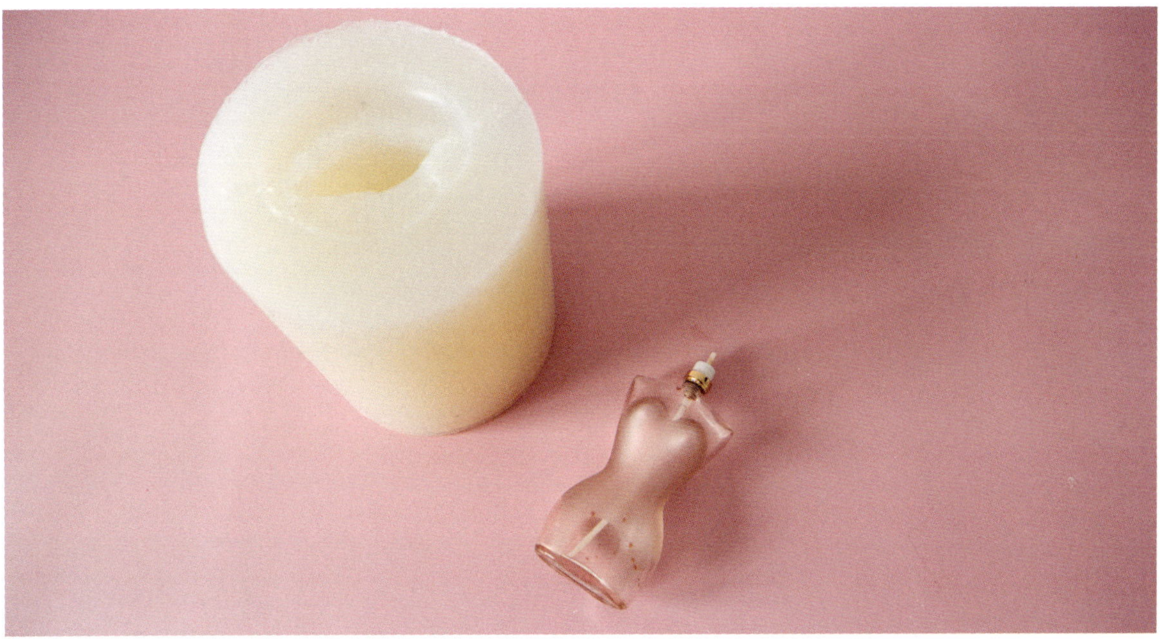

12. Ôtez soigneusement le surplus de silicone s'il y en a, en le découpant avec le cutter. Démoulez l'objet. Faites attention, la silicone peut se fendre si vous la tordez trop fort.

Partie 2 – Création du buste déco

LE MATÉRIEL

- De la Jesmonite® AC100 liquide
- De la poudre de Jesmonite® AC100
- Le moule en silicone que vous venez de réaliser
- 1 balance digitale
- 1 pipette
- 1 abaisse-langue
- 1 bécher en silicone
- Du pigment rouge vif

MESURER LA QUANTITÉ DE JESMONITE NÉCESSAIRE

1. Posez le moule vide sur la balance et appuyez sur « tare ». Remplissez le moule d'eau pour calculer le volume de Jesmonite à préparer. Ici l'eau pèse 150 g. Pour connaître la quantité de liquide et de poudre à utiliser, faites les calculs suivants :
150 ÷ 2 = 75 g de liquide
75 × 2,5 = 187,5 g de poudre

2. Pesez 187,5 g de poudre de Jesmonite dans le bécher.

3. Appuyez sur « tare » et ajoutez 75 g de liquide de Jesmonite dans le bécher.

4. Mélangez avec l'abaisse-langue jusqu'à obtenir une pâte bien homogène, sans grumeaux.

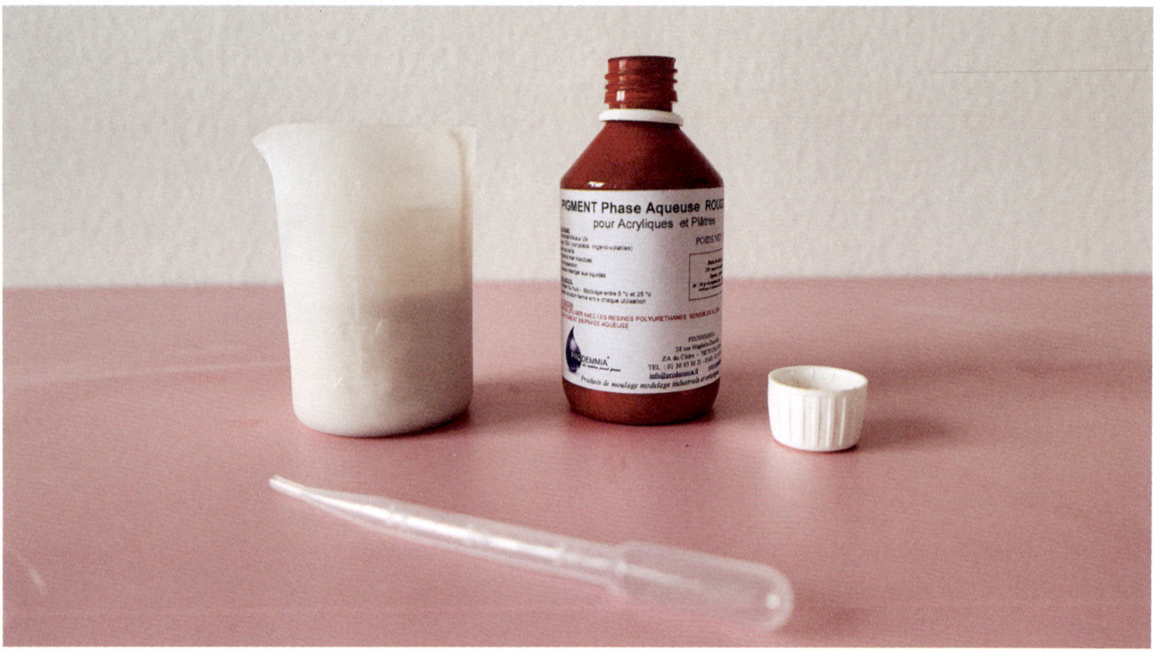

5. Ajoutez l'équivalent d'½ goutte de pigment rouge vif dans la préparation en prélevant le pigment avec la pipette. Attention à ne pas en mettre trop, sinon vous n'obtiendrez pas la jolie couleur rose comme sur la photo.

6. Mélangez bien le pigment et versez la Jesmonite dans le moule.

7. Laissez sécher 1 heure et démoulez la réalisation. Si vous n'arrivez pas à démouler facilement le buste, vous pouvez aussi réaliser une entaille au cutter sur le côté de la siliconne.
Mais attention il faudra ensuite faire attention à ce que le moule soit bien jointif quand vous l'utilisiez ensuite.

AC100
LIQUIDS
SHAKE WELL BEFORE USE

ESMONITE

JESMONITE
BASE
FOR USE WITH AC100/AC200/AC300 LIQUIDS
INFORMATION
PRODUCT BENEFITS
2.5KG
AC100
LIQUIDS
FOR USE WITH JESMONITE BASE
SHAKE WELL BEFORE USE

Le défi Jesmonite : moule improvisé

Ne jetez plus ! Bidon de lessive, pot de yaourt, bouteille de lait, en plastique ou en carton épais, transformez-les en moules pour réaliser des objets en Jesmonite.
Le but de ce challenge est de réveiller votre créativité, et aussi de tester les compétences que vous avez assimilées et acquises au fil des projets DIY de ce livre.

COMMENT ÇA MARCHE ?

1. Je vous donne un thème, une liste de matériaux, et je vous impose un support. Ensuite, c'est à vous !

2. Une fois votre réalisation terminée, partagez-la sur les réseaux sociaux avec le hashtag **#defijesmonitecreapassions**, et en taguant le compte de **@creapassions** et le mien **@lesloversdeco** afin que je puisse vous identifier.

3. Régulièrement, je voterai avec la team Créapassions pour les DIY les plus créatifs et les gagnants auront la chance de recevoir un petit cadeau.

LE THÈME

Transformez vos déchets en plastique et en carton en moules pour Jesmonite.

LE SUPPORT

Choisissez un récipient en plastique ou en carton épais étanche (exemple Tetrapack®). Le récipient devient le moule. Le but est de transformer un simple récipient en objet déco.

LA TECHNIQUE

Vous devez obligatoirement utiliser de la Jesmonite et mettre en pratique tout ce que vous avez appris dans ce livre !

Prêt pour le défi Jesmonite ?

AC100
LIQUIDS
FOR USE WITH JESMONITE BASE
Mix ratio - 2.5:1 / Base to Liquid by weight. Mix using Jesmonite High-shear Mixing Blade. For full instructions go to www.jesmonite.com
INFORMATION
- Protect from frost
- Keep container closed when not in use
- Store between 5°c - 25°c
- For further information call our technical helpline on +44(0)1588 630302
PRODUCT BENEFITS
- Finer detail
- Free of solvents & VOC's
- Fire resistant
- Lightweight
- Impact resistant
1KG
SHAKE WELL BEFORE USE
JESMON MADE FROM TE®

MON CARNET D'ADRESSES

LES KITS JESMONITE

Les kits contiennent de la poudre et du liquide Jesmonite, du pigment et de la feuille d'or, un moule en silicone, un gobelet en silicone, des abaisse-langues, et un guide complet : www.lesloversdeco.com

LA JESMONITE, LA SILICONE ET LES PIGMENTS

Distributeur de Jesmonite® en France, spécialiste de produits de modelage industriels et artistiques : www.prodemmia.fr

LES MOULES EN SILICONE

Moules simples et bon marché dans les magasins de loisirs créatifs : Zodio, Cultura

Moules complexes : Pinkiemold

REMERCIEMENTS

Ce livre est une petite révolution sur la Jesmonite !

L'idée est née lors d'un salon *do it yourself*, où j'animais un atelier Jesmonite. Je suis arrivée avec mon seau et mon éditeur m'a demandé : « C'est quoi ton truc ? » Je lui ai expliqué que la Jesmonite était la nouvelle tendance immanquable du DIY. Il m'a répondu : « On fait un livre ? »

Et voilà, ce livre est entre vos mains, ce livre qui chante les louanges de la Jesmonite et qui me rend tellement heureuse de pouvoir partager tous ces secrets avec vous. Comme à chaque fois, il n'a pas été facile à réaliser. Je voulais vraiment vous transmettre toutes les astuces pour travailler cette matière magique.

J'espère qu'il vous plaira.

Un grand MERCI...

À Prodemmia, qui a cru en moi et m'a envoyé des kilos et des kilos de Jesmonite, pigments de toutes les couleurs et vernis pour réaliser les projets de ce livre.

À toute ma famille et à mon entourage, qui ont tellement entendu parler de ce livre qu'ils sont eux aussi devenus fans de Jesmonite !

À Stéphanie, mon éditrice, qui sans filet m'a fait confiance pour l'écriture de ce quatrième livre.

À Créapassions, cette maison d'édition à taille humaine, dont je partage les valeurs créatives à 100 % et qui me donne cette chance inouïe de réaliser mes rêves. Et dont je suis si fière d'être devenue l'ambassadrice.

À vous, tous les fans de DIY, de faire vivre notre passion.

DANS LA MÊME COLLECTION

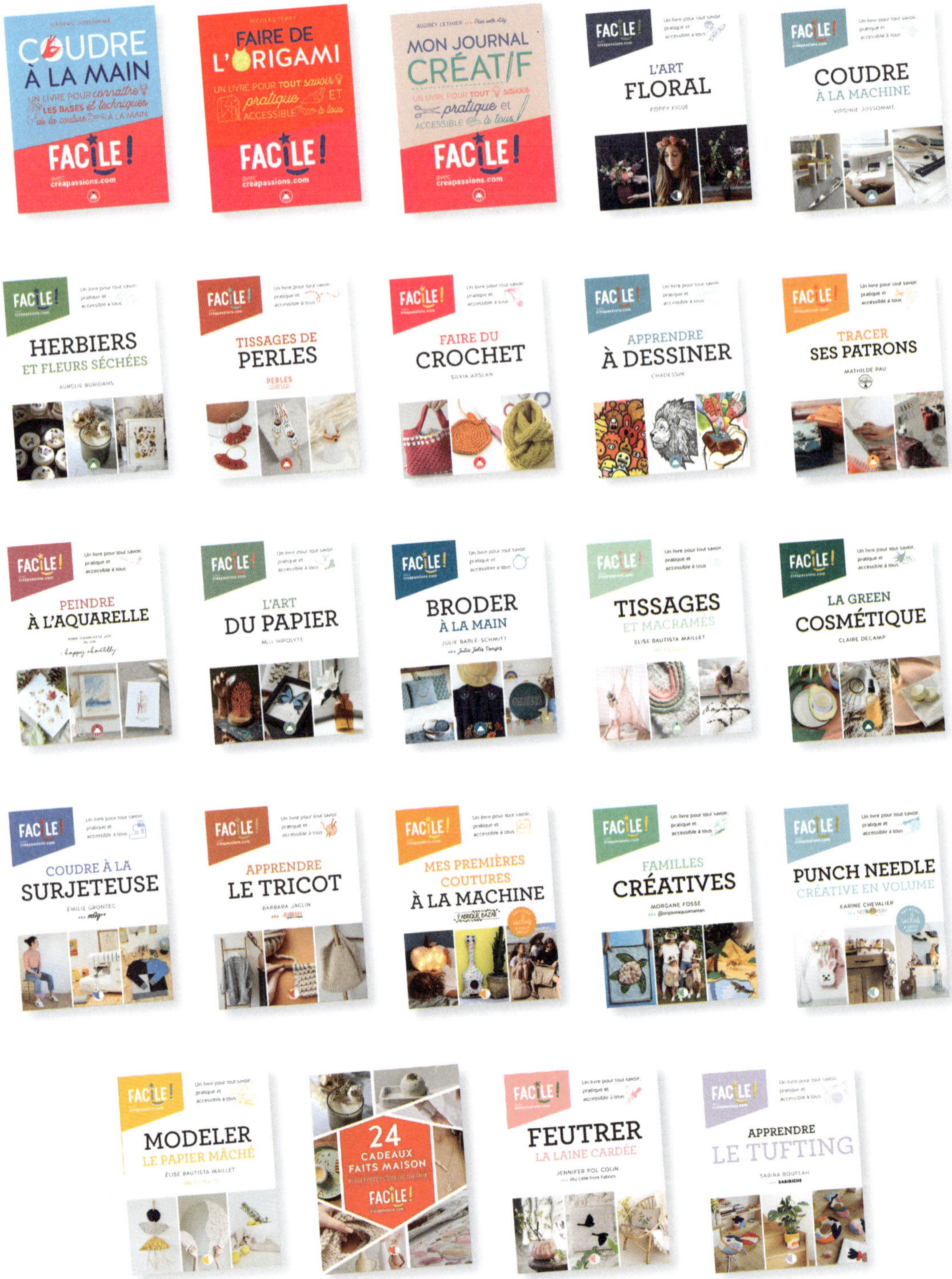

Abonnez-vous gratuitement à notre newsletter sur creapassions.com !

Découvrez l'ensemble des livres Créapassions en scannant le QR code.

Suivez-nous sur Facebook et Instagram.

Créapassions

Crédits photos : Élise Maillet @risloversdeco

Direction d'ouvrage : Anne Kalicky – Comptoir éditorial
Édition : Stéphanie Auvergnat – EditoKid
Lecture et corrections : Clémentine Sanchez
Graphisme de la collection : Xavier Crauffon
Couverture et mise en pages : Alexandrine Bauville

PUBLICATIONS

www.v-publications.net

ISBN : 978-2-8141-0665-9
Dépôt légal : février 2023.
Imprimé en U.E.

FACILE !